Couverture•Cover
Cat. n° 11/Cat. no. 11

Les manuscrits liturgiques du Moyen Âge

Liturgical Manuscripts of the Middle Ages

Elizabeth Leesti

Musée des beaux-arts de Montréal
Une exposition itinérante subventionnée par les Musées nationaux du Canada et préparée par le Service de diffusion du Musée des beaux-arts de Montréal.

The Montreal Museum of Fine Arts
A travelling exhibition funded by The National Museums of Canada and organized by the Extension Services of the Montreal Museum of Fine Arts.

©Musée des beaux-arts de Montréal, 1987
Tous droits réservés. La reproduction d'un extrait quelconque de ce livre sans le consentement du propriétaire du droit constitue une contrefaçon sanctionnée par la Loi sur le droit d'auteur, chapitre C-30, S.R.C., 1970.

Dépôt légal - 1er trimestre 1987
Bibliothèque nationale du Québec
Bibliothèque nationale du Canada
ISBN 2-89192-081-3

Distribué par la Boutique du Musée
Musée des beaux-arts de Montréal
3400, avenue du Musée
Montréal, Québec
Canada H3G 1K3
Téléphone (514) 285-1600

Imprimé au Canada

©The Montreal Museum of Fine Arts, 1987
All rights reserved. The use of any part of this publication without the prior consent of the publisher is an infringement of the Copyright Act, Chapter C-30, R.S.C., 1970.

Legal Deposit – 1st quarter 1987
Bibliothèque nationale du Québec
National Library of Canada
ISBN 2-89192-081-3

Distributed by the Museum Boutique
The Montreal Museum of Fine Arts
3400 du Musée Avenue
Montreal, Quebec
Canada H3G 1K3
Telephone (514) 285-1600

Printed in Canada

Table des matières

Avant-propos	7
Liste des prêteurs	8
Remerciements	9
Les manuscrits liturgiques du Moyen Âge	10
Les manuscrits pour la messe	12
Les manuscrits de l'office divin	15
Le calendrier liturgique	16
Les manuscrits destinés aux dévotions privées	18
L'ornementation des manuscrits liturgiques	19
Notes	25
Catalogue	26
Bibliographie	63
Crédits	64

Table of Contents

Foreword	7
Lenders to the Exhibition	8
Acknowledgements	9
Liturgical Manuscripts of the Middle Ages	10
Manuscripts for the Mass	12
Manuscripts for the Divine Office	15
The Liturgical Calendar	16
Manuscripts for Private Devotions	18
Decoration of Liturgical Manuscripts	19
Notes	25
Catalogue	26
Bibliography	63
Credits	64

Avant-propos

Les enluminures médiévales sont parmi les oeuvres les plus somptueuses des collections du Musée des beaux-arts de Montréal. Ces oeuvres ont pour la plupart été acquises grâce à la générosité des collectionneurs montréalais et en particulier à celle, tout à fait remarquable, de M. F. Cleveland Morgan (1881-1962). Grâce à leurs dons, notre Musée possède avec l'Université McGill un ensemble de manuscrits liturgiques médiévaux de toute première importance à Montréal.

Ces oeuvres sont fragiles et le public a très rarement l'occasion d'en contempler la beauté. Cette exposition vise donc à les rendre accessibles à un très vaste auditoire à travers le Canada.

Nous voulons remercier toutes les personnes qui ont collaboré à l'organisation de cette exposition, en particulier Mme Elizabeth Leesti, la conservatrice invitée pour la préparation de cette exposition. C'est elle qui a choisi les oeuvres et a rédigé le catalogue. Nous la félicitons pour la qualité de ses recherches qui nous permettent de mieux documenter ces oeuvres et par le fait même, de mieux cataloguer une partie de notre collection permanente.

Nous voulons également remercier le personnel de notre Service de diffusion qui a organisé cette exposition et qui en assure la mise en circulation à travers le Canada. Nous sommes tout particulièrement sensibles aux efforts techniques qu'ils ont su déployer avec le laboratoire de conservation et de restauration du Musée pour assurer la conservation des oeuvres tout au long de leurs déplacements.

Enfin, nous tenons à adresser un merci tout particulier aux institutions qui ont accepté généreusement de prêter leurs oeuvres pour cette exposition. C'est grâce à elles et à l'appui financier de la Corporation des musées nationaux du Canada qu'il est possible de mettre à la portée du public canadien des pages merveilleuses de l'histoire de l'art médiéval.

Pierre Théberge
Directeur
Musée des beaux-arts de Montréal

Foreword

Illuminated mediaeval manuscripts are among the most sumptuous objects in the collection of the Montreal Museum of Fine Arts. These works were acquired for the most part through the generosity of various Montreal collectors, in particular Mr. F. Cleveland Morgan (1881-1962). Thanks to these donations, the Museum's holdings together with those of McGill University make Montreal home to an outstanding collection of liturgical manuscripts from the Middle Ages.

The fragility of these manuscripts means the public is only rarely given the opportunity to enjoy their beauty. It is the aim of the exhibition to make the works accessible to the widest possible audience across Canada.

We are indebted to all those who collaborated on this project, in particular Guest Curator Dr. Elizabeth Leesti, who was invited to prepare the exhibition. She chose the works and wrote the catalogue. We must congratulate her on the quality of her research which resulted in a more thorough documentation of the works and hence a more accurate cataloguing of part of our permanent collection.

We would also like to thank the staff of Extension Services for organizing this exhibition. They will also be responsible for its circulation throughout Canada and we are especially grateful for their fine work undertaken in conjunction with our Restoration laboratory ensuring the conservation of the works for the duration of the tour.

Lastly, we would like to express our gratitude to the institutions who graciously agreed to lend their works to this exhibition. Thanks to them and to the financial support of the National Museums Corporation, the Canadian public will have the opportunity of viewing some exceptional pages from the history of mediaeval art.

Pierre Théberge
Director
The Montreal Museum of Fine Arts

Liste des prêteurs

Lenders to the Exhibition

Département des livres rares et des collections spéciales des bibliothèques de l'Université McGill, Montréal

Thomas Fisher Rare Book Library de l'Université de Toronto, Toronto

Collection Malcove de l'Université de Toronto, Toronto

Département des archives et des collections spéciales des bibliothèques de l'Université du Manitoba, Winnipeg

The Department of Rare Books and Special Collections, McGill University Libraries, Montreal

The Thomas Fisher Rare Book Library, University of Toronto, Toronto

The Malcove Collection, University of Toronto, Toronto

The Department of Archives and Special Collections, University of Manitoba Libraries, Winnipeg

Remerciements

J'aimerais exprimer ma gratitude pour l'aide précieuse fournie, lors de la préparation de ce catalogue, au docteur Roger Reynolds du Pontifical Institute of Mediaeval Studies de Toronto et au docteur Richard Virr du Département des livres rares et des collections spéciales des bibliothèques de l'Université McGill.

Parmi le personnel du Musée des Beaux-arts de Montréal, je tiens à remercier Janet M. Brooke, conservatrice de l'art européen et le docteur Micheline Moisan, conservatrice des dessins et estampes. J'adresse un remerciement tout particulier à cette dernière pour nous avoir suggéré le sujet de cette exposition.

Elizabeth Leesti

Acknowledgements

Invaluable assistance in the preparation of the catalogue was provided by Dr. Roger Reynolds of the Pontifical Institute of Mediaeval Studies in Toronto, and Dr. Richard Virr of the Department of Rare Books and Special Collections, McGill University Libraries.

I would also like to thank Janet M. Brooke, Curator of European Art and Dr. Micheline Moisan, Curator of Prints and Drawings at the Montreal Museum of Fine Arts. I am particularly grateful to Dr. Moisan for suggesting the subject of this exhibition.

Elizabeth Leesti

Les manuscrits liturgiques du Moyen Âge

Liturgical Manuscripts of the Middle Ages

Au Moyen Âge, en Europe, avant l'invention au XVe siècle de la presse mécanique et des caractères mobiles, tous les livres étaient transcrits à la main. Pour la plupart, ces manuscrits étaient réalisés sur des feuilles faites à partir de peaux d'animaux, basane ou peau de vache. La peau était tendue, traitée et ravalée de façon à produire un matériel doux pour l'écriture, connu sous le nom de parchemin ou vélin. Ce matériel était alors divisé en format in-folio (c'est-à-dire plié en deux, produisant ainsi quatre pages de texte sur une seule feuille). Les pages étaient regroupées en recueil, dit assemblages ou quaternions, que l'on préparait pour l'écriture en y traçant des lignes. Lorsque la copie des textes et l'ornementation des feuilles étaient terminées, les assemblages étaient disposés selon l'ordre indiqué et cousus ensemble[1].

Au début du Moyen Âge, la production de ces manuscrits se faisait surtout dans les monastères. La plupart du temps, les manuscrits étaient réalisés par les moines eux-mêmes; toutefois, il arrivait que l'on confie la tâche à des laïcs employés par le monastère. Par exemple, c'est un artiste laïc du nom de Maître Hugo qui a produit vers 1120 la Bible en deux tomes de l'abbaye anglaise de Bury St. Edmunds[2].

Au sein des monastères, une salle nommée scriptorium était consacrée à la production de manuscrits. Le scriptorium était une des seules pièces que l'on chauffait durant l'hiver, non pas pour le confort des moines, mais pour assurer que les encres et les peintures coulent mieux. Il arrivait qu'un seul travailleur produise un manuscrit au complet mais, le plus souvent, le travail était réparti entre un scribe, qui s'occupait de la transcription du texte, et un artiste, qui se chargeait de sa décoration. Au début du Moyen Âge, la plupart des artistes gardaient l'anonymat; toutefois, on trouve à l'occasion la signature d'un scribe à la fin d'un texte[3]. Voici l'un des rares portraits d'un scribe médiéval; il s'agit ici d'Eadwine, qui réalisa un psautier (Livre des Psaumes) au monastère de la cathédrale anglaise de Christ Church à Cantorbéry vers 1150 (fig. 1).

Bien que la production de manuscrits se poursuivit dans les monastères après les débuts du Moyen Âge, on

During the Middle Ages in Europe, before the invention of the printing press and moveable type in the fifteenth century, all books were written by hand. For the most part, these manuscripts were written on leaves made from animal skins, either cowhide or sheepskin. The skins were stretched, treated and scraped in order to form a smooth writing material known as parchment or vellum. They were then cut to form bifolios (a double leaf with four pages of text on a single sheet), arranged in groupings known as gatherings or quires, and ruled for writing. Once the text had been written and decorated, the gatherings would be assembled in their proper order and sewn together.[1]

In the early Middle Ages, manuscript production was mainly confined to monasteries. In the majority of cases, the manuscripts were created by the monks themselves, although lay artists were sometimes employed by the monasteries. For example, a lay artist known as Master Hugo produced a two-volume Bible for the English abbey of Bury St. Edmunds in about 1120.[2]

In the monasteries, one room, known as the scriptorium, was set aside for the production of manuscripts. The scriptorium was one of the few rooms of the monastery that was heated in winter. This was less for the comfort of the monks, than to ensure that the inks and paints flowed properly. One workman might produce an entire manuscript by himself, but frequently the work was split up, so that one man, the scribe, would write the text, and another man, the artist, would add the decoration. In the early Middle Ages, most of the artists remained anonymous, although the scribes sometimes added their signature at the end of the text.[3] A rare portrait of an early mediaeval scribe is that of Eadwine, who produced a Psalter (Book of Psalms) at the English cathedral monastery of Christ Church, Canterbury in about 1150 (fig. 1).

Although manuscripts continued to be made in monasteries in the later Middle Ages, by the thirteenth century the vast majority of manuscripts were being produced by secular artists, in urban workshops. By this time, manuscript production had become a lucrative

fig. 1
Psautier d'Eadwine, MS R. 17.1, fol. 283 v,
45,7 x 33 cm, Cambridge, Trinity College.
Eadwine Psalter, MS R.17.1, fol. 283v,
45.7 x 33 cm, Cambridge, Trinity College.

constate qu'au XIIIe siècle la grande majorité des manuscrits était l'oeuvre d'artistes laïcs, travaillant dans des ateliers situés en milieu urbain. À cette époque, la production de manuscrits était déjà devenue une affaire rentable ; on peut attribuer ce phénomène, du moins en partie, à la grande popularité des livres de dévotions privées, tels les Livres d'Heures. Il se pratiquait, à l'intérieur de ces ateliers privés, une répartition des tâches où le maître d'oeuvre peignait les principales figures du manuscrit alors qu'on reléguait l'ornementation d'importance secondaire aux élèves moins doués. Malgré le fait que très peu de ces artistes signaient leurs manuscrits, il subsiste de nombreux documents dans lesquels sont nommés les artistes et décrites leurs transactions avec leurs mécènes[4]. Il s'ensuit que l'on connaît avec plus de précision l'identité des artistes de la fin du Moyen Âge que celle de leurs homologues du début.

On peut définir le manuscrit liturgique comme étant un livre contenant les textes destinés au culte chrétien. Les deux rites chrétiens célébrés le plus souvent sont : la messe, où le pain et le vin eucharistiques sont consacrés et distribués lors de la reconstitution cérémoniale de la dernière Cène, et l'office divin qui comprend le cycle quotidien des prières, psaumes, lectures et dévotions.

Du nombre de manuscrits réalisés au Moyen Âge, une large part était destinée à des fins liturgiques. Une étude récente des manuscrits qui subsistent aujourd'hui dans diverses collections aux États-Unis et au Canada révèle que le quart de ceux-ci sont des textes à caractère liturgique[5].

business, a result in part of the great public demand for private devotional books such as Books of Hours. In the private workshops a division of labour was practiced, with the head master painting the most important pictures of the manuscript and relegating the secondary decoration to his less-talented pupils. Although few of these artists signed their manuscripts, numerous documents survive that name the artists and recount their business transactions with their patrons.[4] Consequently, much more is known about the identities of these later mediaeval artists than about their early mediaeval counterparts.

Liturgical manuscripts can be defined as books containing the texts used in Christian ceremonies. The two Christian rites most often celebrated are the Mass, in which the Eucharistic bread and wine are consecrated and distributed in ceremonial reenactment of the Last Supper, and the Divine Office, the daily cycle of prayers, Psalms, readings and devotions.

Of the manuscripts produced in the Middle Ages, a considerable proportion was made for liturgical purposes. A recent survey of the surviving manuscripts in collections in the United States and Canada revealed that one quarter of these were liturgical texts.[5]

Les manuscrits pour la messe

La messe est un rituel complexe comprenant des chants, des prières et des lectures. La messe solennelle, ou messe haute, requiert la participation d'un plus grand nombre de célébrants que la messe basse, où un seul officiant dit la messe dans son entier.

Les textes utilisés spécialement pour la liturgie varièrent beaucoup tout au long du Moyen Âge. Au début du Moyen Âge, chacun des principaux célébrants de la messe haute avait son propre texte : l'officiant de la messe, l'évêque ou le prêtre, utilisait le sacramentaire qui renfermait les prières dont il faisait la lecture aux moments appropriés de la messe. Ces prières comprenaient la collecte (la prière qui clôturait le rite d'entrée de la messe), la secrète (qui était récitée après la consécration des offrandes du pain et du vin), la préface et le canon de la messe (qui étaient dits pendant la consécration de l'Eucharistie) et la postcommunion (l'oraison qui était prononcée par l'officiant après la communion).

On trouve assez souvent des illustrations de la célébration de la messe dans les pages des manuscrits liturgiques et aussi sur leurs couvertures. Par exemple, un panneau d'ivoire datant de la fin du Xe siècle et qui constitue la couverture d'un manuscrit liturgique nous montre un évêque derrière l'autel célébrant la messe (fig. 2). Un manuscrit ouvert, probablement un sacramentaire, repose sur le haut de l'autel à la gauche de l'évêque.

Pendant la messe, il se faisait habituellement deux lectures de la Bible : l'Évangile, tiré d'un des quatre Évangiles du Nouveau Testament, et l'Épître, tirée d'une autre partie de la Bible (et non nécessairement des

Manuscripts for the Mass

The Mass is a complex service consisting of chants, prayers and readings. In the solemn or high Mass, a number of participants are involved, while in the low Mass, a single celebrant performs the entire Mass alone.

The specific texts used in the liturgy varied in the course of the Middle Ages. In the early Middle Ages, each of the major participants in the high Mass had his own text. The celebrant of the Mass, the bishop or priest, used the Sacramentary which contained the prayers that he would recite at the appropriate moments in the Mass. These prayers included the collect (the prayer closing the entrance rite), the secret (recited after the offering of the bread and wine), the preface and Canon of the Mass (recited during the consecration of the Eucharist), and the post-communion (the prayer closing communion).

Depictions of the celebration of the Mass are frequently found in liturgical manuscripts and on their covers. For example, a late tenth-century ivory panel that forms the cover of a liturgical manuscript shows a bishop standing behind an altar, saying Mass (fig. 2). A manuscript, probably a Sacramentary, lies open on top of the altar to the bishop's left.

There were usually two readings from the Bible during the Mass: the Gospel, taken from the four Gospels of the New Testament, and the Epistle, taken from some other part of the Bible (not necessarily from the Epistles of the New Testament). The deacon would read the Gospel and his text could have been either a full Bible, a manuscript of the Gospels, or a manuscript in which the Gospel passages were arranged in the order that they

fig. 2
MS Barth. 181, couverture, 33,3 x 11,4 cm, Frankfurt, Stadtbibliothek.
MS Barth. 181, cover, 33.3 x 11.4 cm, Frankfurt, Stadtbibliothek.

fig. 3
Add. MS 39843, fol. 6v, 24,5 x 18,4 cm,
détail, Londres, British Library.
Add. MS 39843, fol. 6v, 24.5 x 18.4 cm,
detail, London, British Library.

Épîtres du Nouveau Testament). Le diacre donnait la lecture de l'Évangile, dont l'extrait pouvait provenir d'une Bible entière, d'un manuscrit des Évangiles ou d'un manuscrit dans lequel les passages de l'Évangile étaient organisés selon l'ordre de lecture liturgique. Ce dernier recueil est connu sous le nom de lectionnaire des Évangiles ou Évangéliaire. Le sous-diacre lisait l'Épître, utilisant soit une Bible ou un manuscrit des lectures de l'Épître organisées selon l'ordre liturgique que l'on nommait lectionnaire épistolaire ou Épistolaire.

Lorsqu'on utilisait un livre de l'Évangile ou une Bible pour les lectures de la messe, on lui annexait généralement une liste où étaient numérotés selon l'ordre liturgique les chapitres respectifs. Cela permettait au diacre et au sous-diacre de connaître le passage qui devait être lu pour chaque occasion. Le lecteur devait alors feuilleter le manuscrit jusqu'à la section déterminée pour s'arrêter à la leçon dont il était question. Pour les lectures de la messe, les textes réorganisés que l'on trouve dans les Évangéliaires et dans les lectionnaires de l'Épître étaient plus faciles d'emploi. On ajoutait souvent dans ces ouvrages une phrase d'introduction aux textes bibliques telle que « *In illo tempore* » (Ce jour-là; voir cat. n° 2) ou « *Dixit Iesus* » (Jésus a dit).

La chorale, qui exécutait les divers chants, utilisait un recueil de chants. Il existait alors plusieurs sortes de recueils, dont le plus complet était le graduel qui comprenait tous les chants de la messe.

Plusieurs parties chantées de la messe étaient des hymnes processionnels, dont l'introït (chanté lors de l'entrée du clergé dans l'église), l'offertoire (chanté lorsque les offrandes étaient portées à l'autel) et la communion (chantée lorsqu'on donnait l'Eucharistie à la congrégation). Une miniature française datant d'environ 1300 dépeint une procession d'entrée dans l'église d'un couvent; on y voit un groupe de religieuses, recueils en main, défilant derrière un prêtre qui les mène à l'intérieur de l'église (fig. 3).

Les autres chants de la messe n'étaient pas processionnels et comportaient le *Kyrie eleison*, le *Gloria*, le graduel (chanté à partir du gradus, c'est-à-dire des marches de la chaire), l'*Alleluia* et le verset, le *Credo*, le *Sanctus* et l'*Agnus Dei*.

were read in the liturgy. This last text is known as a Gospel lectionary or an Evangelistary. The subdeacon would read the Epistle and his text might be a Bible or a manuscript of Epistle readings arranged in liturgical order known as an Epistle lectionary or an Epistolary.

If a Gospel book or a Bible was used for the Mass readings, lists were often appended to indicate the numbers of the appropriate chapters, in liturgical order, allowing the deacon and subdeacon to know which passage was to be read on a given date. The reader would then have to turn to that section of the manuscript for the actual lesson. Much easier to use for the Mass readings were the reorganized texts found in the Gospel and Epistle lectionaries. In these, an introductory phrase was often added to the biblical reading, such as "In illo tempore" (On that day; see cat. no. 2) or "Dixit Iesus" (Jesus said).

The choir, which sang the various chants, would use a choirbook, of which there were several types. The most all-encompassing of these was the Gradual, which contained all of the Mass chants.

Several of the sung portions of the Mass were processional chants, such as the introit (sung as the clergy entered the church), the offertory (sung as the offerings were brought to the altar), and the communion (sung as the Eucharist was distributed to the congregation). A French miniature from about 1300 depicts an entrance procession in a convent church, in which a group of nuns carrying choirbooks follow the priest into the church (fig. 3).

Other Mass chants were non-processional, such as the *Kyrie eleison*, the *Gloria*, the gradual (sung from the *gradus*, or steps of the pulpit), the *Alleluia* and verse, the *Credo*, the *Sanctus*, and the *Agnus Dei*.

A number of these chants were fixed, or invariable from one Mass to another (the *Kyrie*, *Gloria*, *Credo*, *Sanctus* and *Agnus Dei*) but other chants were variable, that is, different for each Mass. The variable chants included the introit, the gradual, the *Alleluia* and verse, the offertory and the communion.

Chant books were arranged in alternating lines of musical notation and text. Most mediaeval musical texts used only a four line staff, with our five line staff seen

fig. 4
Psautier d'Ormesby, MS Douce 366, fol. 128r,
37,8 x 25,4 cm, détail, Oxford, Bodleian Library.
Ormesby Psalter, MS Douce 366, fol. 128r,
37.8 x 25.4 cm, detail, Oxford, Bodleian Library.

Bon nombre de ces chants étaient fixes ou invariables d'une messe à l'autre (le *Kyrie*, le *Gloria*, le *Credo*, le *Sanctus* et l'*Agnus Dei*) tandis que certains autres étaient variables, c'est-à-dire différents pour chaque messe. Les chants variables comprenaient l'introït, le graduel, l'*Alleluia* et le verset, l'offertoire et la communion.

Dans les recueils de chants, la notation musicale et le texte alternaient d'une ligne à l'autre. La plupart des textes musicaux du Moyen Âge utilisaient une portée à quatre lignes; la portée à cinq lignes étant beaucoup plus rare (cat. n° 3). Les plus vieux exemples de manuscrits à notation musicale datent du IXe siècle.

La musique liturgique du Moyen Âge, communément appelée chant grégorien ou plain-chant, était exécutée de diverses façons. Les pièces étaient chantées soit par le choeur entier ou, ce qui était plus fréquent, par deux choeurs alternés : elles étaient soit antiphonées, où la moitié du choeur entonnait un verset et l'autre moitié chantait le verset suivant, soit en répons, où le chantre lançait des phrases brèves que le reste du coeur répétait après lui. Comme il n'était pas pratique de fournir un livre de chants à chacun des membres de la chorale, les recueils étaient en général de très grand format et reposaient sur un socle placé à l'une des extrémités de l'enceinte destinée au choeur. Cela avait pour but de permettre à toute la chorale de lire les paroles et la musique, comme on peut le voir dans cette représentation d'un choeur monastique tirée d'un psautier anglais du début du XIVe siècle (fig. 4).

Au XIIIe siècle, le sacramentaire était presque tombé en désuétude malgré le fait que l'on continuait à produire des lectionnaires et des recueils de chants. Le sacramentaire fut alors remplacé par le missel, lequel renfermait toutes les prières du sacramentaire ainsi que l'ensemble des divers chants et leçons bibliques. La messe basse, qui était exécutée par un seul prêtre, sans l'aide d'autres lecteurs ou chantres, devint ainsi plus facile à réciter.

only rarely (cat. no. 3). The earliest examples of manuscripts with musical notation date from the ninth century.

Mediaeval liturgical music, commonly known as the Gregorian chant or plainsong, was performed in a variety of ways. The songs might be sung by the entire choir as a whole, but more commonly they were performed either antiphonally, with one half of the choir singing one verse, and the other half of the choir singing the next verse, or responsorially, with a soloist singing a verse, answered by the rest of the choir. It was not practical to provide each member of the choir with his own chant book. Therefore, these books were usually very large and were placed on a stand at one end of the choir enclosure so that the entire choir could read the words and music, as seen in a depiction of a monastic choir in an early fourteenth-century English Psalter (fig. 4).

By the thirteenth century, the Sacramentary had virtually disappeared although lectionaries and choirbooks continued to be produced. The Sacramentary was replaced by the Missal which contained all of the prayers of the Sacramentary as well as the various biblical lessons and chants. Thus the low Mass, which is performed by the priest alone, without lectors or singers, was facilitated.

Les manuscrits de l'office divin

L'office divin est beaucoup plus complexe que la messe. Alors que la messe au Moyen Âge était célébrée une fois par jour, l'office divin était un cycle quotidien de prières, réparties selon une division de la journée en huit heures canoniales qui comprenaient matines, laudes, prime, tierce, sexte, none, vêpres et complies. Le temps spécifique de ces heures variait d'une région à l'autre et selon les saisons. Toutefois un horaire approximatif pourrait se lire comme suit :

Matines	2 h
Laudes	4 h
Prime	6 h
Tierce	9 h
Sexte	12 h (midi)
None	15 h
Vêpres	17 h
Complies	19 h

À chacune de ces heures, un service constitué de chants, de leçons et de prières était exécuté. On y mettait surtout l'accent sur la récitation des psaumes. Théoriquement, le psautier devait être récité dans son entier au cours de chaque semaine. C'est à saint Benoît de Nursie (vers 480 à 550) que l'on doit cette tradition, lequel prescrivit cette pratique aux membres de ses communautés monastiques à Subiaco et Mont-Cassin[6].

Étant donné que les psaumes représentaient, au début du Moyen Âge, le noyau des services de l'office, le psautier constituait le plus important des écrits de l'office. Les psautiers liturgiques étaient souvent subdivisés en huit parties, les divisions importantes étant aux psaumes 1, 26, 38, 52, 68, 80, 97 et 109 (d'après l'ordre de la Vulgate), ce qui reflétait la distribution des lectures quotidiennes. Dans certaines régions, on pratiquait une

Manuscripts for the Divine Office

The Divine Office is much more complex than the Mass. While Mass was usually celebrated once a day in the Middle Ages, the Divine Office was a daily cycle of prayer, broken down into a series of eight canonical Hours consisting of Matins, Lauds, Prime, Terce, Sext, None, Vespers and Compline. The specific times when these Hours were conducted varied according to geographical locale and season of the year, but an approximate schedule for the Hours is:

Matins	2 a.m.
Lauds	4 a.m.
Prime	6 a.m.
Terce	9 a.m.
Sext	12 noon
None	3 p.m.
Vespers	5 p.m.
Compline	7 p.m.

At each of these Hours a service consisting of chants, lessons and prayers was performed, with an emphasis on the recitation of Psalms. In theory, the entire Psalter was to be recited in the course of each week. This tradition derived primarily from St. Benedict of Nursia (about 480-550) who prescribed this practice for the members of his monastic communities at Subiaco and Montecassino.[6]

Because the Psalms formed the core of the Office services, in the early Middle Ages, the Psalter was the primary Office text. Liturgical Psalters were often subdivided into eight parts with major divisions at Psalms 1, 26, 38, 52, 68, 80, 97 and 109 (Vulgate numbering), reflecting the distribution of daily readings. In some regions, a three-part Psalter division was practiced with subsections beginning at Psalms 1, 51 and 101, although

fig. 5
MS Cotton Domitian A. XVII, fol. 74v,
19 x 14,5 cm, détail, Londres, British Library.
MS Cotton Domitian A. XVII, fol. 74v,
19 x 14.5 cm, detail, London, British Library.

division tripartite du psautier qui comprenait des subdivisions délimitées par les psaumes 1, 51 et 101 ; toutefois il ne s'agissait pas d'une classification liturgique. Ces deux méthodes de partager le psautier étaient souvent combinées pour créer un seul psautier composé de dix sections (le psaume numéro 1 étant commun aux deux méthodes). D'autres textes de l'office étaient souvent rajoutés aux psautiers liturgiques, dont les cantiques (parmi ceux-ci, le *Magnificat* [Luc 1, 46-55], un hymne consacré à la Vierge que l'on récitait quotidiennement pendant les vêpres).

En plus des psautiers, il existait d'autres textes de l'office qui contenaient des leçons et des chants. Le recueil des chants de l'office, auquel on avait donné le nom d'Antiphonaire, comprenait les parties chantées de l'office ; l'Antiphonaire est comparable dans cet esprit au graduel utilisé pour la messe. Dès le XIIIe siècle, les divers textes de l'office avaient été combinés sous forme de bréviaire ; ce recueil était à l'office ce que le missel était à la messe. On peut voir ici une représentation de la célébration de l'office divin tirée d'un psautier anglais du XVe siècle ; on y montre un groupe de religieuses assises dans le choeur avec leurs psautiers ou bréviaires en main (fig. 5).

Le calendrier liturgique

Les textes liturgiques, de la messe et de l'office divin, sont tous divisés en sections comprenant le temporal, le sanctoral et le commun des saints. Le temporal (le Propre du temps) comporte les fêtes mobiles de l'année chrétienne : des fêtes dont les dates ne sont pas fixées telles que les dimanches, Pâques, l'Ascension (quarante jours après Pâques) et la Pentecôte (cinquante jours après Pâques). De surcroît, le temporal englobe généralement toutes les fêtes dont les dates sont fixes et qui sont célébrées entre le 24 décembre et le 13 janvier, incluant Noël (le 25 décembre) et l'Épiphanie (le 6 janvier). Le sanctoral (le Propre des saints) regroupe toutes les fêtes à date fixe, excluant parfois celles qui sont célébrées entre le 24 décembre et le 13 janvier. Les fêtes du sanctoral comptent la Saint-André (le 30 novembre), l'Annonciation à la Vierge (le 25 mars), le martyre des saints Pierre et Paul (le 29 juin) et l'Assomption de la Vierge (le 15 août). Les services du temporal et du sanctoral sont organisés selon l'ordre liturgique dans la plupart des cas en commençant par le premier dimanche de l'Avent (le quatrième dimanche avant Noël). Dans certains manuscrits, le temporal et le sanctoral se combinent pour former un seul cycle annuel de dévotions.

Le commun des saints renferme les services commémoratifs des saints qui ne sont pas mentionnés par leurs noms dans le sanctoral. Ces textes sont partagés en catégories, dont les messes ou offices consacrés à un apôtre, un martyre qui ne fût pas pape, une vierge martyre et ainsi de suite. On insérait alors le nom du saint que l'on commémorait dans le service approprié. Dans

this was not a liturgical division. These two methods of dividing the Psalter were often combined to create a ten-part Psalter (Psalm 1 being common to both methods). Appended to liturgical Psalters are often found other Office texts, such as the Canticles (one of which is the *Magnificat* [Luke 1:46-55], a hymn to the Virgin Mary that was recited daily at Vespers).

In addition to Psalters, there were other Office texts, which contained the Office lessons and chants. The Office choirbook was the Antiphonal, containing the sung portions of the Office, equivalent to the Mass Gradual. By the thirteenth century, the various Office texts had been combined to form the Breviary, the Office equivalent of the Missal. A depiction of the celebration of the Divine Office can be seen in a fifteenth-century English Psalter, where a group of nuns is shown seated in choir with their Psalters or Breviaries (fig. 5).

The Liturgical Calendar

Liturgical texts, both for the Mass and the Divine Office, are divided into sections, consisting of the Temporale, the Sanctorale and the Common of Saints. The Temporale (Proper of Time) includes the "moveable" feasts of the Christian year — feasts without fixed dates such as Sundays, Easter, Ascension (forty days after Easter), and Pentecost (fifty days after Easter). In addition, the Temporale usually includes all feasts of fixed date between December 24 and January 13, including Christmas (December 25) and Epiphany (January 6). The Sanctorale (Proper of Saints) includes all feasts of fixed date with the possible exception of those falling between December 24 and January 13. Feasts of the Sanctorale include St. Andrew (November 30), the Annunciation to the Virgin Mary (March 25), the martyrdom of Saints Peter and Paul (June 29), and the Assumption of the Virgin (August 15). The services of both the Temporale and Sanctorale are generally arranged in liturgical order, beginning with the first Sunday in Advent (the fourth Sunday before Christmas). In some manuscripts the Temporale and Sanctorale are combined to form a single yearly cycle of devotions.

The Common of Saints includes commemorative services for saints who are not mentioned by name in the Sanctorale. These texts are arranged in categories such as Masses or Offices for an apostle, a martyr not a pope, a virgin martyr, and so on. The name of the saint to be commemorated would then be inserted into the appropriate service. In Mass books, following the Common of Saints are votive Masses or Masses for special occasions including the Mass of the Dead, and the Mass for the

les livres de messe, on trouve souvent, après le Commun des saints, des messes votives ou des messes pour répondre à une dévotion particulière, telles la Messe des Morts et la Messe pour la consécration d'une église. Dans les livres des offices, on voit aussi dans les dernières pages du commun des saints, des offices spéciaux dont l'Office funèbre.

Le calendrier tient une place importante autant dans les livres de messe que dans ceux des offices; il couvre une série de pages qui précède le texte principal du manuscrit. Généralement, le calendrier est constitué de douze pages, une page pour chaque mois de l'année, et dénombre les fêtes liturgiques importantes qui seront célébrées au cours de chaque mois ainsi que les noms des saints qui seront commémorés durant cette période. La page du calendrier du mois d'octobre, présentée au numéro 19 du catalogue, est assez typique de la plupart des calendriers du Moyen Âge. On précisait la datation selon la pratique romaine, la première journée de chaque mois étant les calendes, indiquées par le grand monogramme « KL » dans le haut de la page. Dans certains calendriers, les jours du mois sont indiqués par le système romain des calendes, nones et ides; toutefois, dans l'exemple ci-dessus, la numérotation romaine a été omise. Ici, chaque jour du mois est représenté par une ligne du calendrier et le nom de la fête ou du saint, que l'on célébrera à une date précise, est inscrit sur la ligne appropriée.

Dans certains calendriers, la majorité des fêtes sont inscrites à l'encre noire, les fêtes importantes étant soulignées par l'emploi d'une encre rouge, ou de couleurs contrastantes. Dans le numéro 19 du catalogue cependant, les titres des fêtes sont inscrites alternativement d'une ligne à l'autre à l'encre rouge et à l'encre bleue; les fêtes les plus importantes, dont celle de saint Luc (le 18 octobre) et celle des saints Simon et Jude (le 28 octobre), ont été inscrites à l'encre dorée. Deux motifs se trouvent à la gauche de la liste des fêtes : le chiffre doré (les chiffres romains de I à XIX) et la lettre dominicale (les lettres de A à G). On utilisait ces deux motifs pour calculer la date de Pâques, qui est une fête mobile fixée à une date différente chaque année (le dimanche suivant la première pleine lune après l'équinoxe du printemps).

Afin de pouvoir repérer la messe ou l'office approprié à l'intérieur des textes liturgiques, chaque service ou subdivision était précédé d'un court titre ou d'une phrase d'introduction qu'on appelle rubrique; ce terme est utilisé en raison du fait que l'on inscrivait généralement ces règles à l'encre rouge (du latin *rubrica* ou terre rouge). On trouve des exemples de rubriques au numéro 2 du catalogue : « in sancti bartholomei apostoli secundum lucam » (en la fête de l'apôtre saint Bartholomé, [la lecture de] l'Évangile selon saint Luc) et au numéro 4 du catalogue : « *3rd maiorem missam* » (la troisième messe majeure). Les rubriques sont souvent abrégées à l'extrême afin d'économiser de l'espace. Ce qui devient encore plus évident au milieu d'un service qu'à son début, comme on peut le constater au numéro 14 du catalogue : « p. » (psaume), « v. » (versiculet), et « Rx » (répons).

Dedication of a Church. In Office books, special Offices such as the Office of the Dead are also found at the end of the Common of Saints.

An important part of both Mass and Office books is the calendar, which is a series of pages preceding the main text of the manuscript. The calendar usually consists of twelve pages, one for each month of the year, and lists the main liturgical feasts that are celebrated in that month as well as the names of the saints who are commemorated during that period. The calendar page for October, exhibited as catalogue number 19, is fairly typical of most mediaeval calendars. The date is calculated according to Roman practice with the first day of each month being the first Kalends, indicated by a large monogram "KL" at the top of the page. In some calendars, the days of the month are indicated by the Roman system of Kalends, Nones and Ides, although in this example the Roman numeration has been omitted. Here each day of the month is represented by one line in the calendar, and the name of the feast or saint celebrated on a given date is entered on the appropriate line.

In some calendars, the majority of the feasts are written in black ink, with the more important feasts written in red ink (the origin of the term "red letter days") or some other contrasting colour. In catalogue number 19, however, the titles of the feasts are written in alternating lines of blue and red ink, with the more important feasts, such as St. Luke (October 18) and Saints Simon and Jude (October 28), entered in gold. To the left of the list of feasts are two figures: the Golden number (Roman numerals I-XIX) and the Dominical letter (letters A-G). These two figures were used in the calculation of the date of Easter, which is a moveable feast falling on a different date each year (the Sunday after the first full moon after the vernal equinox).

In order to be able to find the appropriate Mass or Office in the liturgical texts, each service or subdivision was preceded by a brief title or introductory phrase known as a rubric. The term rubric is derived from the fact that these guidewords were usually written in red ink (the Latin for red being *ruber*). Examples of rubrics can be seen in catalogue number 2: "in sancti bartholomei apostoli secundum lucam" (on the feast of St. Bartholomew the Apostle, [the reading] according to Luke), and catalogue number 4: "3rd maiorem missam" (third major Mass). Rubrics are often highly abbreviated in order to save space. This is even more apparent within a particular service than at the beginning, as seen in catalogue number 14: "p." (Psalm), "v." (versicle), and "Rx" (response).

The liturgical calendar varied considerably depending on the location for which the text was produced. Popular local saints would have special celebrations dedicated to them in one region, and be missing entirely from the calendar in other areas. An example of this is St. Louis (King Louis IX of France; died 1270), whose feast day (August 25) is celebrated in France, but is less commonly commemorated outside this country.

In addition, within a given feast, there can be a great deal of variation in the textual contents, particularly in the Divine Office. This variation was largely determined

Le calendrier liturgique variait grandement selon la région pour lequel le texte était prévu. On vouait des cérémonies toutes spéciales aux saints populaires dans une certaine localité alors qu'ils étaient complètement absents du calendrier dans une autre. Notamment la fête de saint Louis (le roi Louis IX de France, mort en 1270) que l'on célébrait en France (le 25 août), mais qui n'était pas commémorée aussi couramment en dehors du pays.

De surcroît, il pouvait y avoir de grandes divergences dans le contenu des textes pour chacune de ces fêtes et tout particulièrement en ce qui a trait à l'office divin. Ces variations dépendaient largement des besoins propres aux usagers auxquels les textes étaient destinés. L'office pouvait varier selon qu'il était dédié à une cathédrale ou à un monastère, ou selon l'ordre religieux pour lequel il était produit, tels les bénédictins, les cisterciens, les franciscains ou les dominicains. Ce manque de normalisation du contenu des textes de certains services rend particulièrement difficile la tâche d'identifier le contenu des feuilles d'un manuscrit lorsqu'elles ont été détachées du manuscrit d'origine.

Les manuscrits destinés aux dévotions privées

Les manuscrits liturgiques étaient produits non seulement pour l'usage des clercs et des moines, mais aussi pour les dévotions privées des laïcs. Les bréviaires et les psautiers étaient particulièrement populaires en ce qui a trait aux dévotions privées. On pouvait utiliser ces manuscrits à la maison ou à l'église lors des services publics.

Le Livre d'Heures était l'un des recueils de dévotions privées les plus importants à la fin du Moyen Âge. Au sens strict, le Livre d'Heures n'était pas vraiment un texte liturgique, puisqu'il était essentiellement destiné à la récitation publique. Toutefois, il dérivait du bréviaire qui, lui, contenait les textes des offices les plus populaires. C'est pour cette raison que le Livre d'Heures est souvent inclus dans la discussion portant sur les livres liturgiques du Moyen Âge.

Le Livre d'Heures était certes l'un des livres les plus courants vers la fin du Moyen Âge, ce qui témoigne de la hausse des dévotions privées durant cette période[7]. On y trouve très souvent des illustrations de laïcs en prière. Par exemple, dans Les Heures de Jeanne d'Évreux, un Livre d'Heures parisien datant d'environ 1325, on peut voir une représentation de la reine Jeanne incorporée dans la lettre « D », juste au-dessous de la représentation de l'Annonciation à la Vierge Marie (fig. 6). Agenouillée à son prie-Dieu, la reine lit son Livre d'Heures.

Bien que le contenu du Livre d'Heures pût varier quelque peu, il comprenait en général le petit office de la Vierge, mieux connu sous le nom des petites heures de Notre-Dame, étant donné que les prières y étaient réparties selon les huit Heures canoniales. Le contenu de ce recueil variait d'une région à l'autre. Le numéro 22

by the intended users of the manuscript. There were different Offices for cathedrals and monasteries, and also a variation in the Office texts of the major religious orders such as the Benedictines, Cistercians, Franciscans, and Dominicans. This variation in the contents of individual services makes it particularly difficult to identify the contents of single manuscript leaves that have become detached from their parent manuscripts.

Manuscripts for Private Devotions

Liturgical manuscripts were produced not only for the use of clerics and monks, but also for the private devotions of laymen. Breviaries and Psalters were particularly popular for private devotional use. These manuscripts could be used at home, or taken to church, to be used in conjunction with public services.

A very important late mediaeval private devotional text was the Book of Hours. Strictly speaking, Books of Hours are not liturgical texts, since they were primarily produced for public recitation. However, they are offshoots of the Breviary, containing the texts of the most popular Offices. For that reason, Books of Hours are frequently included in discussions of mediaeval liturgical books.

Books of Hours are by far the most common type of late mediaeval book produced, indicating the sudden rise of private devotions during this period.[7] Depictions of laymen at prayer are frequently found in Books of Hours. For example, in *The Hours of Jeanne d'Évreux*, a Parisian Book of Hours from about 1325, Queen Jeanne is seen inside a letter ''D'', beneath a depiction of the Annunciation to the Virgin Mary (fig. 6). The Queen is kneeling at a prie-dieu, reading from a Book of Hours.

There is a certain amount of variation in the contents of Books of Hours, but most of them include the Little Office of the Blessed Virgin Mary, commonly known as the Hours of the Virgin since the prayers are divided among the eight canonical Hours. There was some regional variation in the internal contents of this text. Thus catalogue number 22 follows the use of Rome, while catalogue number 26 follows the use of Paris. Also frequently found in Books of Hours are the seven Penitential Psalms (Psalms 6, 31, 37, 50, 101, 129 and 142),

fig. 6
Les Heures de Jeanne d'Évreux, fol. 16r, 8,9 x 6,2 cm, New York, le Musée des Cloîtres du Metropolitan Museum of Art.
The Hours of Jeanne d'Évreux, fol. 16r, 8.9 x 6.2 cm, New York, The Cloisters Museum of the Metropolitan Museum of Art.

du catalogue, par exemple, s'accorde avec l'usage romain tandis que le numéro 26 s'accorde avec celui de Paris. On retrouve aussi fréquemment dans les Livres d'Heures les sept psaumes pénitentiaux (les psaumes 6, 31, 37, 50, 101, 129 et 142), les lectures de l'Évangile, la litanie des Saints, les Heures de la Croix, l'Office funèbre et les suffrages des saints. Ces derniers sont des prières consacrées aux divers saints le jour de leur fête. Une série de pages du calendrier précédait habituellement le texte comme tel. À partir du début du XIIIe siècle, ces pages du calendrier des Livres d'Heures et des autres livres de dévotions privées étaient fréquemment écrites dans la langue vernaculaire de la région, tandis que le coeur du texte restait en latin (voir cat. n° 19). Au XVe siècle, on vit surgir des livres de dévotions privées qui étaient rédigés exclusivement en langue vernaculaire. À titre d'exemples, notons le Livre d'Heures hollandais (cat. n° 20) et le fragmentaire Livre d'Heures écrit en vieux flamand (cat. n° 30) qui figurent dans cette exposition.

L'ornementation des manuscrits liturgiques

Au Moyen Âge, les livres utilisés durant la messe et l'office divin étaient très souvent richement ornés, ce qui reflétait le grand respect qu'on leur vouait. Le luxe des recueils de dévotions privées témoignait de la piété (aussi bien que de la richesse et du statut social) de leurs propriétaires. Les matériaux utilisés pour orner ces textes comprennent des encres de couleurs, la détrempe et la feuille d'or. Les manuscrits dont l'ornementation est faite avec des peintures de couleurs vives et de la feuille d'or sont appelés enluminures (du latin *illuminare*, c'est-à-dire éclairer).

readings from the Gospels, the Litany of the Saints, the Hours of the Cross, the Office of the Dead, and Suffrages of Saints which are prayers directed to various saints on their feast days. A series of calendar pages usually preceded the text proper. By the early thirteenth century, the calendar pages of Books of Hours and other private devotional books were frequently written in the vernacular language of the region, with the text proper written in Latin (see cat. no. 19). By the fifteenth century private devotional books written entirely in the vernacular began to appear; examples are the Dutch Book of Hours (cat. no. 20), and the fragmentary Book of Hours in Old Flemish (cat. no. 30) featured in the exhibition.

Decoration of Liturgical Manuscripts

In the Middle Ages, the books used in the Mass and the Divine Office were frequently lavishly decorated, reflecting the great respect with which these books were regarded. Luxurious private devotional books testified to the piety (as well as to the wealth and social status) of their owners. The materials used to ornament the texts included coloured inks, tempera paints, and gold leaf. Manuscripts that are decorated with brightly-coloured paints and gold leaf are said to be "illuminated", from the French *illuminer*, to light up.

The specific nature of the decoration of the liturgical

L'ornementation des manuscrits liturgiques peut être répartie en trois catégories principales : les illustrations encadrées qui sont distinctes du texte lui-même, les lettres décorées qui font partie du texte même et les illustrations qui forment la bordure de la page. Les images encadrées, distinctes du texte, sont communément appelées miniatures, non pas à cause de leur petit format mais plutôt parce qu'on les esquissait au *minium* ou rouge de plomb juste avant de les peindre. Les miniatures peuvent parfois occuper une partie de page, comme on peut le voir aux numéros 2 et 21 du catalogue, ou devenir des illustrations couvrant une page entière, tels les numéros 11 et 29 du catalogue.

Au Moyen Âge, une des méthodes les plus faciles pour orner un manuscrit était de marquer d'une lettre majuscule le début d'une partie importante du texte. On peignait souvent celle-ci d'une encre de couleur contrastante et en accentuait la présence à l'aide de détrempe ou de feuille d'or. Cela ajoutait une note de couleur au texte, lui donnant un aspect plus brillant, et contribuait à le rendre plus facile d'utilisation pour les personnnes qui devaient lire ou chanter ce texte. Le format de la lettre initiale suggérait souvent l'importance relative du texte qui allait suivre. Les parties les plus importantes étaient fréquemment ornées de lettres initiales plus larges et plus élaborées, alors que les parties secondaires étaient rehaussées d'initiales plus simples et plus petites (cat. nos 1 et 14).

Une façon très courante d'embellir le manuscrit liturgique était l'emploi de la lettre initiale historiée ; il s'agissait d'une lettre qui illustrait en même temps une scène du texte. Par exemple, au numéro 15 du catalogue, le texte de l'un des chants de la fête de la chaire de saint Pierre (*Cathedra Petri*, tenu le 22 février) débute par la lettre initiale historiée « S » (pour Simon) qui décrit le sacre de saint Pierre. On voit d'autres exemples de lettres initiales historiées aux numéros 3, 4, et 18 du catalogue.

Les lettres initiales historiées et minutieusement travaillées, que l'on trouve dans les manuscrits liturgiques et dans d'autres sortes de manuscrits du Moyen Âge, s'écartent de la tradition gréco-romaine en ce qui a trait à la production des livres. Dans les livres classiques, même si on utilisait souvent de grandes lettres initiales pour introduire les parties importantes du texte, celles-ci n'étaient pas aussi richement ornées et on ne leur permettait jamais de rivaliser avec le texte lui-même. Inversement, certains exemples médiévaux de lettres initiales enjolivées sont tellement complexes que leur rôle en tant que lettres se perd presque complètement (voir cat.nos 15 et 16). Les seules décorations que l'on remarque sur les manuscrits classiques sont les illustrations nécessaires à la compréhension du texte ; celles-ci étant distinctes des mots, la plupart du temps insérées dans la colonne d'écriture.

La bordure du manuscrit médiéval constituait un autre espace propre à l'ornementation. Dans la plupart des cas, cet enjolivement se voulait floral, composé de somptueuses feuilles de vigne ou de plusieurs variétés de fleurs. On peut y voir aussi, à l'occasion, de petites figures animales et humaines, réelles ou imaginaires. Les

manuscripts can be divided into three major categories: framed illustrations that are set apart from the actual text, decorated letters of the text itself, and border illustrations. The separate, framed images in mediaeval manuscripts are commonly known as miniatures, not because of their small size but because before they were painted, the illustrations were sketched in with *minium*, or orange lead. These miniatures might occupy only part of a leaf, as seen in catalogue numbers 2 and 21, or sometimes appear on separate leaves as full page illustrations, as seen in catalogue numbers 11 and 29.

One of the simplest methods of decorating a mediaeval manuscript was to indicate the beginning of the most important sections of the text with capital letters, often rendered in a different-coloured ink and frequently given added emphasis by the use of tempera paint and gold leaf. This added a note of colour to the text, making it look brighter, but also served the useful function of making the manuscript easier to use by those persons who were reading or singing the text. The size of the initial letter was often an indication of the relative importance of the text that followed. The most significant parts of the text frequently received larger and more elaborate initial letters, with less important sections having smaller, simpler initials (cat. nos. 1 and 14).

A very popular method of decorating liturgical manuscripts was with historiated initials, in which the initial letter was transformed into a picture related to the text. For example, in catalogue number 15, the text of one of the chants for the Feast of St. Peter's Chair (*Cathedra Petri*, held on February 22), begins with a historiated initial ''S'' (for Simon) which depicts St. Peter enthroned. Other examples of historiated initials can be seen in catalogue numbers 3, 4 and 18.

The elaborate decorated and historiated initials that are found in liturgical and other types of mediaeval manuscripts represent a deviation from the Greco-Roman tradition of book production. In classical books, while large initials were often used to introduce important parts of the text, they were not decorated to any significant extent and were never allowed to compete with the words of the text itself. In contrast, some of the mediaeval examples of decorated initials are so elaborate, that their function as letters is almost obscured (see cat. nos. 15 and 16). The only decorations appearing in classical manuscripts were illustrations necessary for the elucidation of the text, and these were clearly separated from the words, usually set into the writing column.

The borders of mediaeval manuscripts were another field for decoration. In most examples the border ornament is floral, consisting of lavish vine scrolls and various types of flowers. Sometimes, small animals and men, both real and fantastic, are also seen. The different types of flora and fauna found in the borders of mediaeval manuscripts can often have specific symbolism. For example, the rose was a popular symbol for the Virgin Mary (the ''rose without thorns''), the strawberry plant was used as a symbol of righteousness of spirit, the thistle was a symbol of earthly sorrow, the raven was a symbol of solitude, and the stag was a symbol of piety.

différents types de flores et de faunes illustrés dans les bordures des manuscrits du Moyen Âge appartiennent souvent à une symbolique particulière. Par exemple, la rose, symbole populaire de la Vierge (la « rose sans épines »), jouissait d'une grande popularité ; le fraisier était utilisé comme symbole d'un esprit vertueux ; le chardon représentait les peines terrestres ; le corbeau, la solitude ; et le cerf, la piété. Des exemples de ces motifs symboliques sont représentés dans le catalogue aux numéros 25, 26 et 30.

Les bordures des livres de dévotions privées sont souvent agrémentées des blasons de leur propriétaire, comme on peut le voir aux numéros 5 et 21 du catalogue. Ces emblèmes héraldiques peuvent servir à identifier les propriétaires initiaux des manuscrits.

Les pages du calendrier du manuscrit liturgique étaient très souvent décorées d'images figuratives, notamment du signe du zodiaque du mois en question et d'une illustration d'une activité ou d'un travail assorti à l'époque de l'année. Ces images appariées symbolisaient le passage de l'année liturgique selon les cycles céleste et terrestre (voir cat. n° 19). Voici un exemple d'une séquence dans un calendrier médiéval où l'on associe une constellation zodiacale et une occupation particulière à chaque mois[8] :

Janvier	Verseau	Festoyer
Février	Poissons	S'asseoir auprès du feu
Mars	Bélier	Émonder les arbres
Avril	Taureau	Cultiver un jardin ou cueillir des fleurs
Mai	Gémeaux	Chasser au faucon
Juin	Cancer	Récolter le foin
Juillet	Lion	Moissonner le maïs
Août	Vierge	Faucher le blé
Septembre	Balance	Vendanger et fouler le raisin
Octobre	Scorpion	Labourer et semer
Novembre	Sagittaire	Ramasser des glands pour les cochons
Décembre	Capricorne	Tuer le cochon ou faire le pain

Dans les Livres d'Heures les plus somptueux de la fin du Moyen Âge, les scènes décrivant le travail associé au mois occupaient une page entière du calendrier ; celle-ci illustrait des scènes de la vie nobiliaire et rurale. Les pages du calendrier des *Très Riches Heures* sont parmi les plus célèbres ; elles ont été réalisées vers 1415 pour le duc de Berry, le frère du roi Charles V de France. La page de janvier nous montre le duc de Berry en personne en train de festoyer dans un de ses nombreux palais (fig. 7).

Le style employé pour dessiner les illustrations figurales dans les manuscrits enluminés varie beaucoup selon l'époque, la région et le talent des artistes. En général, le style des enluminures d'une localité particulière reflétait celui de la peinture sur panneaux ou de la peinture murale propres à cette région au cours de la même période. Aujourd'hui, l'illustration des livres peut être perçue comme étant une forme d'art mineure,

Examples of these symbolic motifs can be seen in the borders of catalogue numbers 25, 26 and 30.

The borders of private devotional books are often decorated with the coats of arms of their owners, as seen in catalogue numbers 5 and 21. These heraldic devices can serve to identify the patrons of the manuscripts.

The calendar pages of liturgical manuscripts are frequently decorated with figural images, particularly with the sign of the zodiac for that particular month and a representation of a type of labour or occupation appropriate to that time of year. These paired images symbolize the passage of the liturgical year in heavenly and earthly cycles (see cat. no. 19). A typical sequence for signs of the zodiac and labours of the months in mediaeval calendars is:[8]

January	Aquarius	Feasting
February	Pisces	Sitting by the fire
March	Aries	Pruning trees
April	Taurus	Planting a garden or picking flowers
May	Gemini	Hawking
June	Cancer	Harvesting hay
July	Leo	Reaping corn
August	Virgo	Threshing wheat
September	Libra	Harvesting or treading grapes
October	Scorpio	Ploughing and sowing
November	Sagittarius	Gathering acorns for pigs
December	Capricorn	Killing the pig or baking bread

In the most luxurious late mediaeval Books of Hours, the scenes of the labours of the months in the calendar pages became full-page scenes of aristocratic and rural life. Some of the most famous calendar pages are found in the *Très Riches Heures*, made in about 1415 for the Duke of Berry, brother of King Charles V of France. The calendar page for January shows the Duke of Berry himself, feasting in one of his many palaces (fig. 7).

The style in which the figural illustrations in illuminated manuscripts were drawn varied considerably with regard to period, region and the talent of the artists. For the most part, the style of manuscript illuminations of a given region echoed the style of contemporary painting in other media, such as panel or wall paintings, in the same area. Today, book illustration may be considered a minor art form, but in the Middle Ages manuscript illuminators were regarded as the foremost artists of their day.

The works in this exhibition include a wide cross-section of styles. The earliest work on display is catalogue number 18, dated to the late twelfth century, in which a figure of Christ forms a historiated initial ''I''. This figure is drawn in a style known as Romanesque, which was prevalent in Western Europe between about 1000 and 1200, although it endured considerably longer in some areas. Typical of the Romanesque style, the figure of Christ is flat, stiff and weightless. His drapery is

fig. 7
Très Riches Heures, fol. 1v, 23,9 x 15,2 cm, Chantilly, Musée Condé.
Très Riches Heures, fol. 1v, 23.9 x 15.2 cm, Chantilly, Musée Condé.

mais au Moyen Âge l'enlumineur de manuscrits était tenu en grande estime ; on le considérait en effet comme l'un des artistes les plus importants de son temps.

Les oeuvres de cette exposition donnent un échantillonnage assez varié de ces styles. L'oeuvre la plus ancienne présentée ici au numéro 18 du catalogue date de la fin du XIIe siècle. On y voit une figure du Christ qui se métamorphose en lettre initiale historiée ; il s'agit de la lettre « I ». Cette figure a été tracée dans le style roman qui était très répandu en Europe occidentale entre 1100 et 1200 ; quoique dans certaines régions ce style ait persisté beaucoup plus longtemps. Typique de ce style, la figure du Christ nous semble plate et figée, sans poids apparent. Le drapé est formé d'une série de cercles concentriques décoratifs qui ne révèlent rien du corps qui le porte.

Au début du XIIIe siècle, on vit surgir un nouveau style d'art que l'on nomma gothique. La majorité des oeuvres de cette exposition ont été réalisées dans le style gothique, notamment le numéro 11 du catalogue qui date d'environ 1300. Les figures de cette miniature se distinguent par leur aspect plus naturel quant à la pose, aux gestes et aux expressions faciales, les volumes nous apparaissant plus concrets et dotés d'un poids tangible. Le drapé flotte plus librement autour du corps et semble tomber comme un véritable vêtement.

La date de transition du roman au gothique varie d'une région à l'autre. Vers 1200, le style gothique prédominait déjà dans la peinture française et anglaise ; par contre, on tardait à accepter ce nouveau style en Italie. Par exemple, on peut constater aux numéros 4 et 17 du

drawn in a decorative series of concentric loops that give little sense of the body beneath.

By the beginning of the thirteenth century, a new artistic style referred to as the Gothic style had emerged. The majority of the works in this exhibition are rendered in the Gothic style, including catalogue number 11, dated to about 1300. The figures in this miniature are characterized by a greater sense of naturalism in their poses, gestures and facial features, with a heightened impression of bodily weight and volume. Their drapery flows more freely over the contours of their bodies and seems to hang more like real cloth.

The date of transition from the Romanesque to the Gothic style varied from region to region. By about 1200, the Gothic style dominated French and English painting, but Italy was considerably later in accepting the new style. In catalogue numbers 4 and 17, for example, by a late thirteenth-century Bolognese artist, the figures are rendered in a rather flat, stiff, late Romanesque style. It was not until the beginning of the fourteenth century (see cat. no. 2) that Bolognese works began to exhibit a more naturalistic Gothic style.

The Gothic striving for realism ultimately culminated in a complete revival of the naturalism of classical Greek and Roman art. This revival, known as the Renaissance, spread through Europe in the fifteenth and sixteenth centuries. The latest work in this exhibition (see cat. no. 29, dated about 1525) is an excellent example of Northern Renaissance art.

The style of the figures in mediaeval manuscripts is, of course, a critical tool in establishing the date and geo-

catalogue, des oeuvres peintes par un artiste bolonais de la fin du XIIIe siècle, que le rendu des figures est plat et raide, caractéristique du style roman tardif. Ce n'est qu'au début du XIVe siècle (voir cat. n° 2) que le style gothique plus dégagé commençât à se manifester dans les oeuvres bolonaises.

La quête gothique du réel devait culminer avec un retour au naturalisme de l'art classique gréco-romain. Ce renouveau, désigné sous le nom de Renaissance, se propagea à travers toute l'Europe aux XVe et XVIe siècles. L'oeuvre la plus tardive de l'exposition (voir cat. n° 29, daté d'environ 1525) est un bon exemple du style en usage dans les pays du Nord durant la Renaissance.

Le style des figures des manuscrits médiévaux devient alors un outil crucial lorsqu'il s'agit d'attribuer une date à une oeuvre ou d'en déterminer l'origine géographique. On n'a qu'à comparer les planches numéros 2 et 21 du catalogue, par exemple, pour comprendre ce point. Dans ces deux cas, les figures ont été peintes dans le style gothique. On remarque néanmoins certaines différences entre elles. Les figures du numéro 21 sont minces et leur maintien gracieux; l'harmonie des lignes courbes du drapé y est accentuée. L'expression du visage est calme et sereine. Par contre, les figures du numéro 2 sont beaucoup plus lourdes, leur expression est plus intense. Ces distinctions de styles caractérisent respectivement la peinture parisienne du début du XVe siècle et la peinture bolonaise du XIVe siècle. On notera toutefois que le style de la bordure florale ornant ces deux feuilles fournit dans ce cas-ci (à l'instar de nombreux manuscrits enluminés) un meilleur indice que celui des figures lorsqu'il s'agit d'en déterminer l'origine.

On peut reconnaître grosso modo deux catégories d'illustrations figurales dans les manuscrits liturgiques. La première comprend les illustrations qui n'ont pas été créées dans le but de décorer les manuscrits liturgiques, c'est-à-dire les images d'emprunt qui provenaient d'un autre type de livre. Les images qui se rangent dans cette catégorie sont souvent désignées sous le nom de « miniatures migratoires ». La deuxième catégorie est constituée non pas d'images d'emprunt mais plutôt de motifs spécialement conçus pour orner les manuscrits liturgiques.

Un exemple frappant d'une illustration du premier type, c'est-à-dire de « miniature migratoire », consiste dans les images bibliques qui étaient au début produites pour illustrer les textes de l'Ancien et du Nouveau Testament. À l'origine de l'illustration des textes bibliques, ces images collaient probablement très près au texte. La planche numéro 2 du catalogue donne un aperçu de ce genre d'illustrations; elle dépeint une scène où le Christ s'adresse à ses apôtres. Le texte de l'Évangile qui lui succède décrit le même événement (Luc 22, 24-30). Toutefois, on trouve souvent dans divers livres liturgiques ornés d'images bibliques des illustrations isolées des parties du texte, pour lesquelles elles ont été conçues, et décorant plutôt la narration d'une autre scène qui n'était peut-être qu'indirectement reliée à l'événement illustré. Par exemple, dans les Livres d'Heures, il était conforme à l'usage d'illustrer les Heures du petit

graphical origin of the work. Compare, for example, catalogue numbers 2 and 21. In both works the figures are painted in the Gothic style, although there are certain differences. The figures in catalogue number 21 are slender and gracefully posed, with an emphasis on elegant curvilinear drapery folds. Their facial expressions are calm and serene. The figures in catalogue number 2 are more solid, with intense facial expressions. These stylistic distinctions are characteristic of early fifteenth-century Parisian and early fourteenth-century Bolognese painting, respectively. It should be noted, however, that with these two leaves–as with many illuminated manuscripts–the style of the floral border ornament is a more obvious indicator of the origins of the manuscript than the style of the figures.

Figural illustrations found in liturgical manuscripts can be roughly divided into two groups. The first group consists of those illustrations that were not originally invented for the decoration of liturgical manuscripts. That is, images that were originally associated with another type of text and were borrowed for use in liturgical manuscripts. Images falling into this group are often termed "migrated miniatures." The second type of image is comprised of those which were not borrowed from another source, but which were probably invented for the decoration of liturgical manuscripts themselves.

An obvious example of the first type of illustration, migrated miniatures, is biblical images, which were originally created to illustrate the texts of the Old and New Testaments. In the earliest period of biblical illustration, these images were probably very closely tied to the text they were illustrating. An impression of this method of illustration can be seen in catalogue number 2, where a scene of Christ addressing the apostles is followed by a Gospel text describing this event (Luke 22:24-30). However, in many liturgical books which have biblical illustrations, the illustrations are separated from the text for which they were originally created and instead decorate another text that may be only indirectly associated with the event illustrated. For example, in Books of Hours, it became traditional to illustrate the Hours of the Little Office of the Blessed Virgin Mary, or Hours of the Virgin, with a series of scenes from the infancy of Christ and the life of the Virgin, even though the text of this Office makes no specific mention of these events. Although there is some variation in the specific scenes chosen, the usual arrangement is:[9]

Matins	Annunciation (Luke 1:26-38)
Lauds	Visitation (Luke 1:39-56)
Prime	Nativity (Luke 2:1-7)
Terce	Annunciation to the Shepherds (Luke 2:8-20)
Sext	Adoration of the Magi (Matt. 2:1-12)
None	Presentation in the Temple (Luke 2:22-38)
Vespers	Massacre of the Innocents (Matt. 2:16-18) or Flight into Egypt (Matt. 2:13-15)
Compline	Coronation of the Virgin (non-biblical)

office de la Vierge, ou Heures de Notre-Dame, d'une série de scènes de l'enfance du Christ et de la vie de la Vierge, même si le texte de cet office ne mentionne pas ces événements de façon précise. Quoiqu'il puisse exister des variations des scènes particulières normalement présentées, la sélection la plus habituelle se présente comme suit[9] :

Matines	l'Annonciation (Luc 1, 26-38)
Laudes	la Visitation (Luc 1, 39-56)
Prime	la Nativité (Luc 2, 1-7)
Tierce	l'Annonciation aux bergers (Luc 2, 8-20)
Sexte	l'Adoration des Mages (Matthieu 2, 22-38)
None	la Présentation de l'Enfant Jésus (Luc 2, 22-38)
Vêpres	le Massacre des Innocents (Matthieu 2, 16-18) ou la fuite d'Égypte (Matthieu 2, 13-15)
Complies	le couronnement de la Vierge (non biblique)

On relève un bon exemple du second type d'illustrations de manuscrits liturgiques — c'est-à-dire les images faites expressément dans le but d'orner les textes liturgiques — dans les scènes représentant des cérémonies religieuses : comme un évêque disant la messe ou un chœur exécutant un hymne. Des exemples de cette catégorie d'illustrations sont présentés aux figures 3, 4 et 5, tous trois tirées de manuscrits liturgiques. Bien que quelque peu lugubres, quelques-uns des exemples les plus intéressants de ce type d'imagerie se retrouvent à l'office des Morts dans les bréviaires et Livres d'Heures. On y dépeint fréquemment des scènes au chevet d'un mourant, l'inhumation d'un cadavre, la messe funèbre et la procession funèbre. L'enterrement du défunt illustré au numéro 31 du catalogue est un exemple typique de ce genre d'imagerie.

Au Moyen Âge, la religion dominait presque entièrement la vie de tous les jours. La profondeur de la foi chrétienne pendant cette époque trouvait son expression la plus évidente dans la liturgie, ce cycle quotidien de prières qui était pratiqué à la maison et à l'église. Chaque heure de la journée et chaque jour de l'année bénéficiaient de leur propre série de chants, de leçons et de prières. Par le rappel important que nous offrent les manuscrits liturgiques de cette intensité de la ferveur religieuse au Moyen Âge, ils nous permettent d'apprécier leur beauté non seulement sur le plan esthétique, mais également sur le plan spirituel.

An obvious example of the second type of liturgical manuscript illustration–images invented for the decoration of liturgical texts–is provided by depictions of religious ceremonies such as a bishop saying Mass, or a choir singing. Examples of this category of illustration can be seen in figures 3, 4 and 5, all of which are found in liturgical manuscripts. Some of the most interesting, if gruesome, examples of this type of imagery can be seen in the illustrations of the Office of the Dead, found in Breviaries and Books of Hours. Here are frequently found depictions of the deceased on his deathbed, the preparation of the corpse for burial, the funeral Mass, and the funeral procession. The illustration of the burial of the deceased in catalogue number 31 is a typical example of this type of imagery.

During the Middle Ages, almost every aspect of daily life was governed by religion. The most obvious external manifestation of the intense Christian faith of this period was the liturgy, the continuous daily cycle of prayer which was performed in churches and in private homes. Each hour of the day and day of the year was provided with its own particular series of chants, lessons and prayers. The manuscripts produced for the liturgy are an important reminder of the intensity of the religious feeling of this period, and for this reason, their beauty can be appreciated in spiritual as well as aesthetic terms.

Notes

1. Pour une description plus détaillée du processus de production des manuscrits, voir Robert Calkins, *Monuments of Medieval Art*, New York, E. P. Dutton, 1979, p. 201ss.
2. Margaret Rickert, *Painting in Britain: The Middle Ages*, 2ᵉ éd., Harmondsworth, Penguin Books, 1965, p. 70.
3. C. R. Dodwell, *Painting in Europe, 800-1200*, Harmondsworth, Penguin Books, 1971, pp. 5-6.
4. Voir, par exemple, la discussion sur la carrière de Jean Pucelle, un enlumineur parisien du début du XIVᵉ siècle, dans François Avril, *L'enluminure à la cour de France au XIVᵉ siècle*, New York, George Braziller, 1978, pp. 12-14.
5. Gerard Austin, "Liturgical Manuscripts in the United States and Canada", *Scriptorium*, 28, 1974, p. 95.
6. Au sujet de la règle de saint Benoît, voir Anthony C. Meisel et M. L. del Mastro, *The Rule of St. Benedict*, Garden City, N.Y., Image Books, 1975.
7. Par exemple, l'enquête d'Austin sur les manuscrits liturgiques aux États-Unis et au Canada (op. cit., p. 94) relève 1,378 Livres d'Heures et seulement 237 psautiers (le second des plus communs livres liturgiques, d'après cette étude).
8. Robert Calkins, *Illuminated Books of the Middle Ages*, Ithaca, Cornell University Press, 1983, p. 246.
9. Ibid.

1. For a detailed description of the process of manuscript production, see Robert Calkins, *Monuments of Medieval Art* (New York: E. P. Dutton, 1979), p. 201ff.
2. Margaret Rickert, *Painting in Britain: The Middle Ages*, 2nd ed. (Harmondsworth: Penguin Books, 1965), p. 70.
3. C. R. Dodwell, *Painting in Europe, 800-1200* (Harmondsworth: Penguin Books, 1971), pp. 5-6.
4. See, for example, the discussion of the career of Jean Pucelle, an early fourteenth-century Parisian illuminator, in François Avril, *Manuscript Painting at the Court of France: The Fourteenth Century* (New York: George Braziller, 1978), pp. 13-14.
5. Gerard Austin, "Liturgical Manuscripts in the United States and Canada", *Scriptorium*, 28 (1974), p. 95.
6. For the Rule of St. Benedict, see Anthony C. Meisel and M. L. del Mastro, *The Rule of St. Benedict* (Garden City, N.Y.: Image Books, 1975).
7. For example, Austin's survey of liturgical manuscripts in the United States and Canada (op. cit., p. 94) lists 1,378 Books of Hours against only 237 Psalters (the second most common type of liturgical book in this survey).
8. Robert Calkins, *Illuminated Books of the Middle Ages* (Ithaca: Cornell University Press, 1983), p. 246.
9. Ibid.

Catalogue

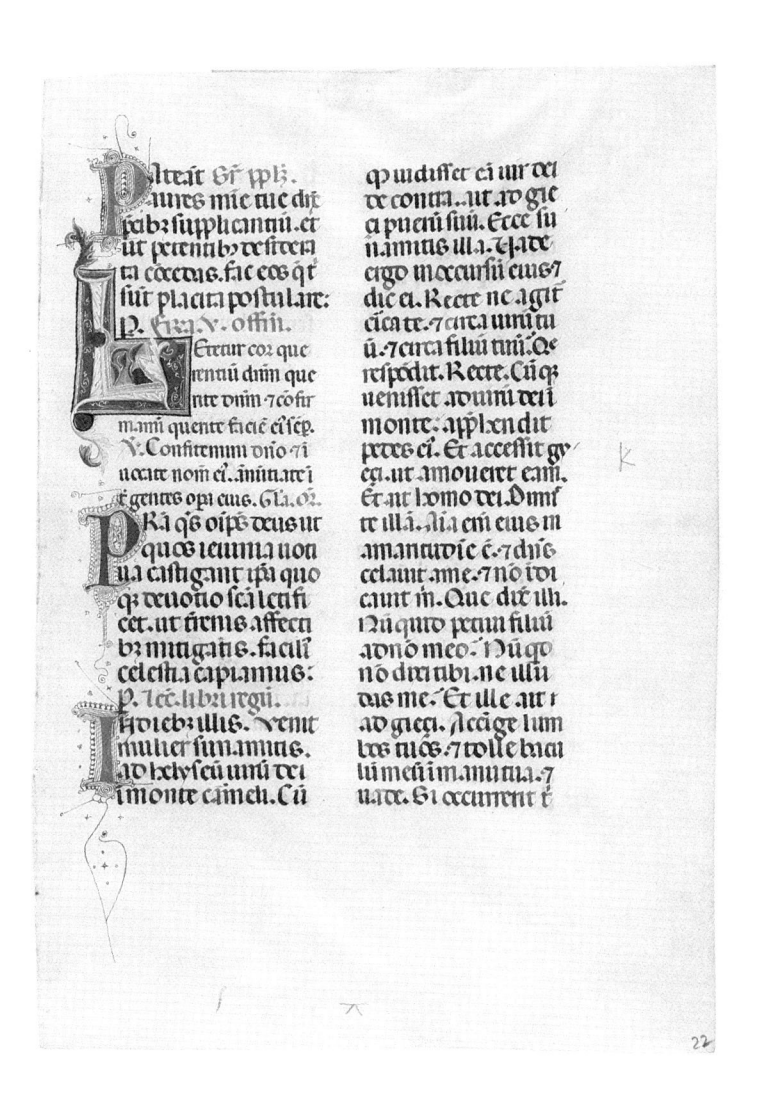

1.
Feuille d'un missel
Italie
XIVe siècle

Encres, détrempe et feuille d'or sur vélin
32,4 x 29,9 cm
Département des livres rares et des collections spéciales des bibliothèques de l'Université McGill, Montréal
Encadré 27

Avec la lettre ornée « L » commence le début de l'introït (chant d'entrée) de la messe du jeudi (férie V) suivant le quatrième dimanche du quadragésime (le premier dimanche après le début du carême) : « *Laetetur cor quaerentium dominum* » (Joie pour les coeurs qui cherchent Yahvé [psaume 104, 3]). La collecte (la première prière dite par le célébrant) et l'Épître, tirée du Livre des Rois (4, 25-38), sont inscrites après l'introït. La première débute par la lettre à parafe « P » : « *Praesta quaesumus omnipotens deus* » (Exaucez-nous Seigneur) alors que l'Épître commence par la lettre à parafe « I » : « *In diebus illis venit mulier sunamitis ad helyseus virum dei in montem carmeli* » (Ce jour-là, la shunamite partit et alla vers Élisée, l'homme de Dieu, au mont Carmel).

1.
Leaf from a Missal
Italy
Fourteenth century

Vellum with inks, tempera and gold leaf
32.4 x 29.9 cm
Department of Rare Books and Special Collections,
McGill University Libraries, Montreal
Framed 27

A painted initial ''L'' begins the introit (entrance chant) for the Mass for the Thursday (feria V) after the fourth Sunday in Quadragesima (the first Sunday in Lent): ''Laetetur cor quaerentium dominum'' (Let the hearts of those who seek the Lord rejoice [Psalm 104:3]). After the introit are written the collect (the celebrant's first prayer), beginning with a pen-flourished initial ''P'': ''Praesta quaesumus omnipotens deus'' (Grant, we beseech you, Almighty God), and the Epistle, taken from 4 Kings 4:25-38, beginning with a pen-flourished initial ''I'': ''In diebus illis venit mulier sunamitis ad helyseus virum dei in montem carmeli'' (On that day the Shunammite woman came to Elisha the man of God at Mount Carmel).

2.
Feuille d'un Évangéliaire : le Christ prêchant à ses apôtres
Italie, Bologne
Début du XIVᵉ siècle

Encres, détrempe et feuille d'or sur vélin
28,2 x 19,9 cm
Musée des beaux-arts de Montréal, Montréal
Don de F. Cleveland Morgan
947.1371

PROVENANCE
Bâle, Charles Albert de Burlet. Montréal, F. Cleveland Morgan.

EXPOSITION
Montréal, Musée des beaux-arts de Montréal, *L'art et les saints*, 5 mars – 4 avril 1965 (hors catalogue).

Une scène où le Christ s'adresse à ses apôtres précède un passage de l'Évangile selon saint Luc (22, 24-30) qui était donné en lecture le 24 août pour la fête de l'apôtre saint Bartholomé. La phrase d'introduction « *In illo tempore* » (Ce jour-là) précède le texte comme tel qui débute par les paroles : « *Facta est contentio inter discipulos Iesu* » (Il s'éleva aussi entre eux une contestation).

2.
Leaf from a Gospel Lectionary: Christ Preaching to the Apostles
Italy, Bologna
Early fourteenth century

Vellum with inks, tempera and gold leaf
28.2 x 19.9 cm
The Montreal Museum of Fine Arts, Montreal
Gift of F. Cleveland Morgan
947.1371

PROVENANCE
Basel, Charles Albert de Burlet. Montreal, F. Cleveland Morgan.

EXHIBITION
Montreal, The Montreal Museum of Fine Arts, *Images of the Saints*, March 5 – April 4, 1965 (hors catalogue).

An illustration of Christ addressing the apostles precedes a passage from the Gospel of Luke (22:24-30), which was the lection for August 24, the feast day of St. Bartholomew, one of the disciples. The introductory phrase "In illo tempore" (On that day) precedes the text proper, which begins: "Facta est contentio inter discipulos Iesu" (A dispute arose among the disciples of Jesus).

maria optimā partem ele-
git. que nō aufertur ab ea.

In sc̄ō bartholomei apl̄i. sm̄
lucam.

In illo tē-
pore. fac-
ta ē contētio
int discipu-
los ih̄u. q̄s
eorum uideretur ēē maior
Dixit autē as illis. Reges gē-
tium dominātur eo2. ⁊ qui
potestatem habent super eos
benefici uocātur. Vos autem
non sic. Set qui maior est in

3.
Feuille d'un graduel : l'Annonciation, dans la lettre « A »
Sud-Est de l'Allemagne ou Autriche
Fin du XVe siècle

Encres, détrempe et feuille d'or sur vélin
50,9 x 34,8 cm
Musée des beaux-arts de Montréal, Montréal
Legs F. Cleveland Morgan
962.1358

PROVENANCE
New York, Professeur Simkovitch (jusqu'à 1949). Montréal, F. Cleveland Morgan.

EXPOSITIONS
Montréal, Exhibition Centre, Canadian Industries Ltd., novembre 1950. Montréal, Musée des beaux-arts de Montréal, *Art from Montreal Collections*, 10 – 27 février 1949.

Il s'agit du texte de l'introït du premier dimanche de l'Avent : « *Ad te levavi animam meam* » (Vers toi, Yahvé, j'élève mon âme, [psaume 24, 1]). On voit dans la partie inférieure de la lettre ornée « A », une illustration de l'Annonciation à la Vierge par l'archange Gabriel. Dans la partie supérieure de la lettre, on aperçoit Dieu le Père à droite et l'Enfant Jésus qui tient un rouleau descendant vers la Vierge; à gauche, on peut distinguer deux prophètes de l'Ancien Testament, chacun tenant des rouleaux prophétiques. On remarque à l'intérieur de la bordure à feuillage située dans la partie inférieure de cette feuille, en partant de la gauche : Jean le Baptiste tenant son mouton, le Christ, Homme de douleur, la Vierge et l'Enfant avec sainte Anne et la visite de la Vierge à Élisabeth. De haut en bas, le long de la marge de droite, on reconnaît saint Clément avec une ancre, saint Benoît avec une crosse à banderole, sainte Scholastique avec une crosse et sainte Catherine avec une épée et une roue.

3.
Leaf from a Gradual: Annunciation, in Initial "A"
Southeastern Germany or Austria
Late fifteenth century

Vellum with inks, tempera and gold leaf
50.9 x 34.8 cm
The Montreal Museum of Fine Arts, Montreal
F. Cleveland Morgan Bequest
962.1358

PROVENANCE
New York, Prof. Simkovitch (to 1949). Montreal, F. Cleveland Morgan.

EXHIBITIONS
Montreal, The Montreal Museum of Fine Arts, *Art from Montreal Collections*, February 10-27, 1949. Montreal, Exhibition Centre, Canadian Industries Ltd., November 1950.

The text is the introit for the first Sunday in Advent: "Ad te levavi animam meam" (To thee I will lift up my soul [Psalm 24:1]). In the bottom half of the initial "A" is shown the Annunciation to the Virgin Mary by the archangel Gabriel. In the top half of the letter are God the Father at the upper right, Christ, as a baby, holding a scroll and descending towards the Virgin, and two Old Testament prophets at the left, each holding scrolls of prophecy. Within the foliate border are, from left to right along the bottom, John the Baptist holding the lamb, Christ the Man of Sorrows, the Virgin and Child with St. Anne, and the Visitation of Mary and Elizabeth. From top to bottom along the right margin are St. Clement with an anchor, St. Benedict with a pennanted crozier, St. Scholastica with a crozier, and St. Catherine with a sword and wheel.

Ad te levavi animam meam deus meus in te confido non erubescam neque irrideant me inimici mei etenim universi qui te expectant non confundentur. Vias tuas domine notas fac michi et semitas tuas edoce me. Universi qui te ex

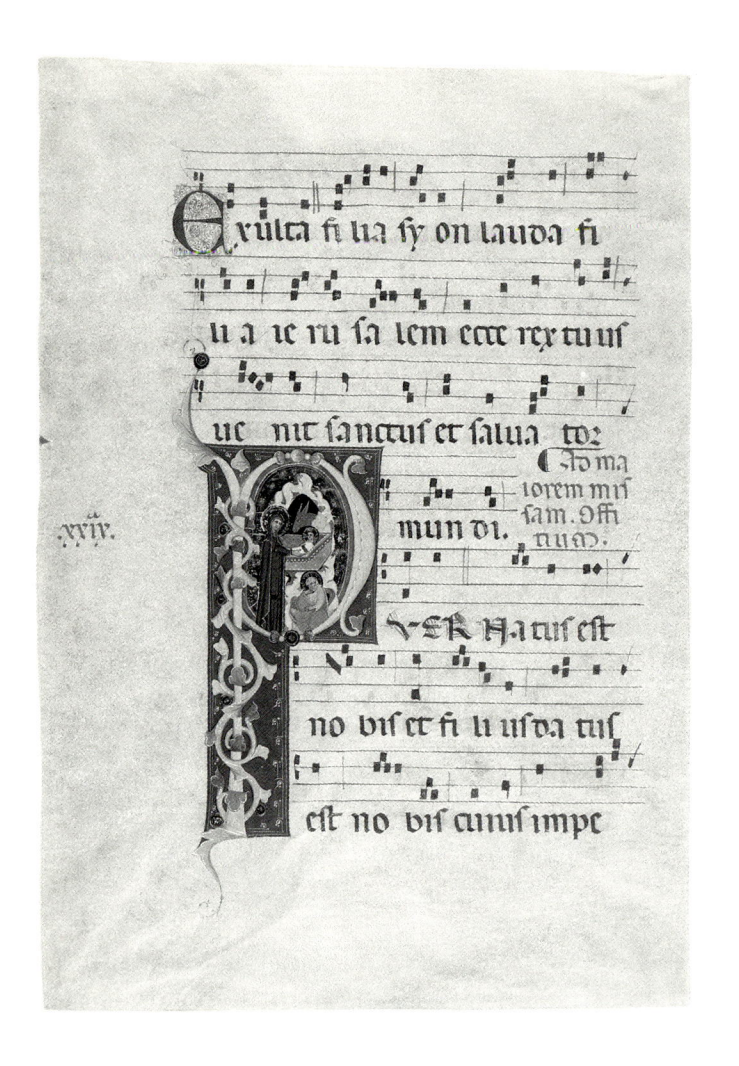

4.
Feuille d'un graduel : la Nativité, dans la lettre ornée
« P »
Italie, Bologne
Fin du XIIIe siècle
Encres, détrempe et feuille d'or sur vélin
50,8 x 36,3 cm
Musée des beaux-arts de Montréal, Montréal
Achat, don de F. Cleveland Morgan
959.1204
PROVENANCE
Paris et New York, Pierre Berès Inc. Montréal, F. Cleveland Morgan.
EXPOSITION
Hartford, Conn., Wadsworth Atheneum, *An Exhibition of Italian Panels and Manuscripts from the Thirteenth and Fourteenth Centuries in Honor of Richard Offner*, 9 avril – 6 juin 1965, n° 61, p. 39.
BIBLIOGRAPHIE
Harry Bober, *The Mortimer Brandt Collection of Mediaeval Manuscript Illuminations*, New York, 1966, p. 31.

La lettre historiée « P » renferme une scène de la Nativité du Christ introduisant le texte avec les paroles « *Puer natus est nobis* » (Car un enfant nous est né), l'introït de la troisième messe du jour de Noël. Ce feuillet (et celui du cat. n° 17 réalisé par le même artiste) a été attribué par Harry Bober à l'atelier d'Oderisi da Gubbio, qui travaillait à Bologne vers la fin du XIIIe siècle.

4.
Leaf from a Gradual: Nativity, in Initial "P"
Italy, Bologna
Late thirteenth century
Vellum with inks, tempera and gold leaf
50.8 x 36.3 cm
The Montreal Museum of Fine Arts, Montreal
Purchase, Gift of F. Cleveland Morgan
959.1204
PROVENANCE
Paris and New York, Pierre Berès Inc. Montreal, F. Cleveland Morgan.
EXHIBITION
Hartford, Conn., Wadsworth Atheneum, *An Exhibition of Italian Panels and Manuscripts from the Thirteenth and Fourteenth Centuries in Honor of Richard Offner*, April 9 – June 6, 1965, no. 61, p. 39.
BIBLIOGRAPHY
Harry Bober, *The Mortimer Brandt Collection of Mediaeval Manuscript Illuminations* (New York, 1966), p. 31.

The historiated initial "P" contains a depiction of the Nativity of Christ and begins the text "Puer natus est nobis" (Unto us a child is born), the introit for the third Mass of Christmas Day. This leaf (and cat. no. 17, by the same hand) has been attributed by Harry Bober to the workshop of Oderisi da Gubbio, who was active in Bologna in the late thirteenth century.

5.
Feuille d'un graduel : saint André, dans la lettre ornée
« D »
Italie
XVe siècle
Encres, détrempe et feuille d'or sur vélin
53,4 x 39 cm
Département des livres rares et des collections spéciales des bibliothèques de l'Université McGill, Montréal.
BIBLIOGRAPHIE
De Ricci et Wilson, vol. II, 1937, p. 2210, n° 80.

La feuille débute par l'introït de la vigile de saint André, célébrée le 29 novembre, le jour précédant la fête de saint André. Le texte commence avec la lettre historiée « D » : « *Dominus secus mare Galilee vidit duos fratres* » (Comme il passait sur le bord de la mer de Galilée, il vit Simon et André, le frère de Simon [Marc 1, 16]). La lettre contient une scène où saint André tient une croix, l'instrument de son martyre. Les devises héraldiques dans la partie inférieure de la feuille sont celles de la famille Visconti de Milan.

5.
Leaf from a Gradual: St. Andrew, in Initial "D"
Italy
Fifteenth century
Vellum with inks, tempera and gold leaf
53.4 x 39 cm
Department of Rare Books and Special Collections,
McGill University Libraries, Montreal
BIBLIOGRAPHY
De Ricci and Wilson, Vol. II, 1937, p. 2210, no. 80.

The leaf begins with the introit for the vigil of St. Andrew, which is celebrated on November 29, the day before the feast of St. Andrew. The text begins with a historiated initial "D": "*Dominus secus mare Galilee vidit duos fratres*" (By the Sea of Galilee the Lord saw two brothers [Mark 1:16]). The initial contains a depiction of St. Andrew holding a cross, the instrument of his martyrdom. The heraldic devices at the bottom of the leaf are those of the Visconti family of Milan.

6.
Feuille d'un graduel
Italie
XVe siècle
Encres, détrempe et feuille d'or sur vélin
58,8 x 39,6 cm
Département des livres rares et des collections spéciales des bibliothèques de l'Université McGill, Montréal.
BIBLIOGRAPHIE
De Ricci et Wilson, vol. II, 1937, p. 2210, n° 81.

Cette feuille contient le début de la messe de la Visitation (célébrée à cette époque le 2 juillet et aujourd'hui le 31 mai), alors que la Vierge rendait visite à sa parente Élisabeth, future mère de Jean le Baptiste, pour lui annoncer sa grossesse. Le feuillet comprend deux grandes lettres ornées, « A » pour « *Alleluia* » et « M » pour « *Magnificat* », qui introduisent l'*Alleluia* et le verset de la messe. Ces lettres ornées sont suivies de lettres décorées de visages féminins de profil qui représentent peut-être Marie et Élisabeth.

6.
Leaf from a Gradual
Italy
Fifteenth century
Vellum with inks, tempera and gold leaf
58.8 x 39.6 cm
Department of Rare Books and Special Collections,
McGill University Libraries, Montreal
BIBLIOGRAPHY
De Ricci and Wilson, Vol. II, 1937, p. 2210, no. 81.

The leaf contains the beginning of the Mass for the Visitation (celebrated then on July 2 and now on May 31), when the Virgin Mary, on discovering her pregnancy, visited her kinswoman Elizabeth, the future mother of John the Baptist. The leaf has two large painted initials, "A" ("Alleluia") and "M" ("Magnificat"), which begin the *Alleluia* and verse of this Mass. The letters following these initials are decorated with female faces in profile, possibly representing Mary and Elizabeth.

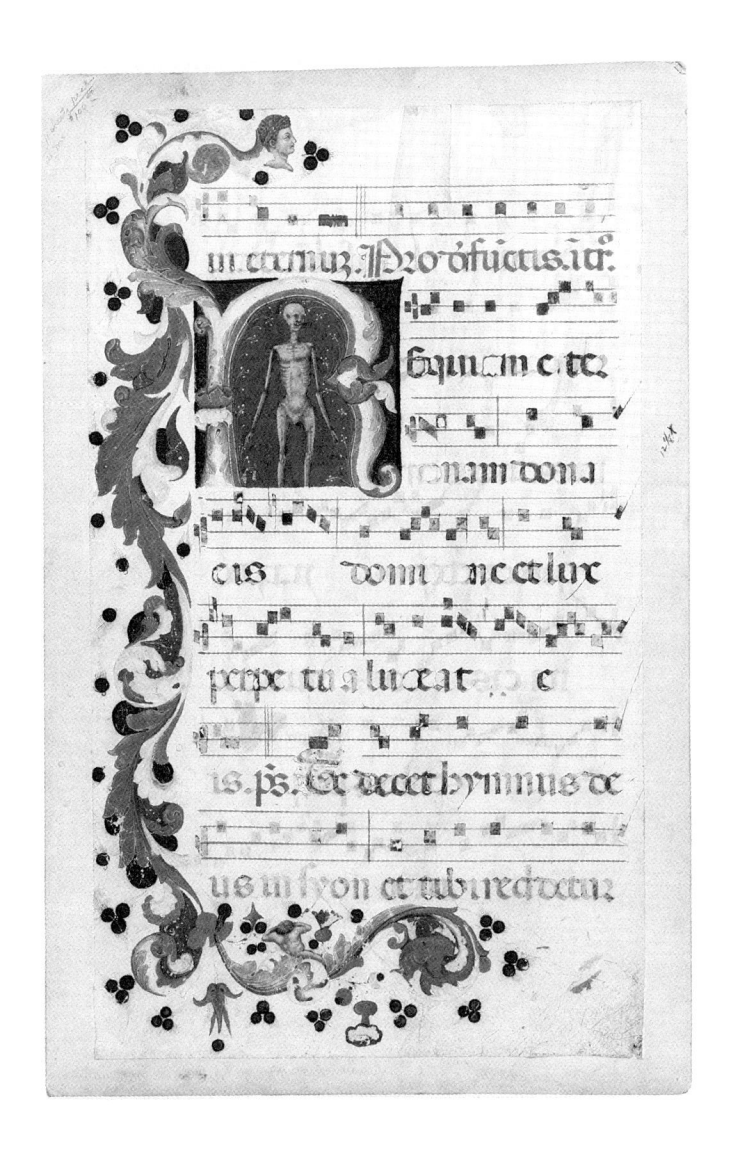

7.
Feuille d'un graduel
Italie
Fin du XIVe siècle

Encres, détrempe et feuille d'or sur vélin
53,1 x 31,7 cm
Département des livres rares et des collections spéciales des bibliothèques de l'Université McGill, Montréal.
BIBLIOGRAPHIE
De Ricci et Wilson, vol. II, 1937, p. 2208, n° 64.

La feuille débute par l'introït de la messe des Morts (« *Pro defunctis* »). Cette messe est aussi connue sous le nom de messe de Requiem, le nom étant dérivé du premier mot de l'introït : « *Requiem aeternam dona eis domine* » (Donnez-leur le repos éternel). La lettre historiée « R » comprend la figure d'un cadavre desséché. La lettre « T » introduit le psaume de l'introït : « *Te decet hymnus deus* » (À toi la louange est due, ô Dieu [psaume 64, 2]). Cette lettre se métamorphose en une tête d'homme barbu. Dans la partie supérieure de la bordure à feuillage, on aperçoit la tête d'une femme aux cheveux tressés vue de profil et, dans la partie inférieure, un enfant mâle assis, présenté de dos.

7.
Leaf from a Gradual
Italy
Late fourteenth century

Vellum with inks, tempera and gold leaf
53,1 x 31,7 cm
Department of Rare Books and Special Collections,
McGill University Libraries, Montreal
BIBLIOGRAPHY
De Ricci and Wilson, Vol. II, 1937, p. 2208, no. 64.

The leaf begins with the introit for the Mass of the Dead ("Pro defunctis"). This Mass is also known as the Requiem Mass, the name being derived from the first word of the introit: "Requiem aeternam dona eis domine" (Eternal rest grant unto them, O Lord). The historiated initial "R" contains a figure of a desiccated corpse. A letter "T" begins the introit Psalm: "Te decet hymnus deus" (Praise is due to thee, O God [Psalm 64:2]). This initial has been transformed into the head of a bearded man. At the top of the foliate border is the profile head of a woman with braided hair and at the bottom is a seated male child seen from the rear.

8.
Feuille d'un bréviaire
Flandres ou France
Vers 1300

Encres, détrempe et feuille d'or sur vélin
11,9 x 8,6 cm
Montréal, Musée des beaux-arts de Montréal
Achat
945.1369

PROVENANCE
Londres, Heinrich Eisemann.
EXPOSITION
Toronto, Royal Ontario Museum, *Books of the Middle Ages*, 1950.

Le texte est probablement l'office du Vendredi saint. La lecture (*capitulum*) débute par la lettre historiée « H » : « *Humiliavit semetipsum formam servi accipiens* » (Mais il s'anéantit lui-même, prenant condition d'esclave [Philippiens 2, 7-8]). La lettre est décorée par la tête d'un homme vue de profil. La réponse, « *Velum templi scissum est* » (Le voile du Sanctuaire se déchira par le milieu [Luc 23, 45]), et le versiculet, « *Amen dico tibi hodie mecum eris in paradiso* » (En vérité, je te le dis, aujourd'hui tu seras avec moi dans le Paradis [Luc 23, 43]), font allusion au crucifiement du Christ qui avait lieu ce jour-là et qui était généralement chanté durant l'office du Vendredi saint. Le feuillet est en plus décoré de têtes d'animaux qui sont placées aux extrémités des bordures supérieure et inférieure. Un oiseau de grande taille est perché sur la langue tirée de la tête de l'animal située dans la bordure inférieure.

8.
Leaf from a Breviary
Flanders or France
About 1300

Vellum with inks, tempera and gold leaf
11.9 x 8.6 cm
The Montreal Museum of Fine Arts, Montreal
Purchase
945.1369

PROVENANCE
London, Heinrich Eisemann.
EXHIBITION
Toronto, Royal Ontario Museum, *Books of the Middle Ages*, 1950.

The text is probably the Office for Good Friday. The reading (*capitulum*) begins with a historiated initial "H": "*Humiliavit semetipsum formam servi accipiens*" (He humbled himself, taking the form of a servant [Philippians 2:7-8]). The initial is decorated with the profile head of a man. The response, "*Velum templi scissum est*" (The curtain of the temple was torn [Luke 23:45]), and the versicle, "*Amen dico tibi hodie mecum eris in paradiso*" (Truly, I say to you, today you will be with me in Paradise [Luke 23:43]), refer to the Crucifixion of Christ, which took place on this day, and are commonly chanted in the Good Friday Office. The leaf is further decorated with animal heads at the ends of the top and bottom borders. A large bird perches on the extended tongue of the animal head on the bottom border.

9.
Feuille d'un bréviaire
France
XIVe siècle

Encres, détrempe et feuille d'or sur vélin
18,6 x 13,2 cm
Département des livres rares et des collections spéciales des bibliothèques de l'Université McGill, Montréal

BIBLIOGRAPHIE
De Ricci et Wilson, vol. II, 1937, p. 2206, n° 33.

Comme l'indique le verso de la feuille, le texte du recto contient des lectures de l'office d'un évêque et confesseur; il s'agit d'un des offices du commun des Saints. La lecture principale est celle de Matthieu 24, 42-47 qui débute par « *Vigilate ergo quia nescitis qua hora dominus vester venturus sit* » (Veillez donc, parce que vous ne savez pas quel jour va venir votre Maître). Les quatre leçons suivantes sont tirées d'un sermon de saint Augustin sur l'Évangile selon saint Matthieu.

9.
Leaf from a Breviary
France
Fourteenth century

Vellum with inks, tempera and gold leaf
18.6 x 13.2 cm
Department of Rare Books and Special Collections, McGill University Libraries, Montreal

BIBLIOGRAPHY
De Ricci and Wilson, Vol. II, 1937, p. 2206, no. 33.

As the verso of the leaf indicates, the text on the recto contains readings for the Office of a bishop and confessor, one of the Offices of the Common of Saints. The primary reading is Matthew 24:42-47 which begins "Vigilate ergo quia nescitis qua hora dominus vester venturus sit" (Watch therefore, for you do not know on what day your Lord is coming). The following four lessons are taken from a sermon by St. Augustine on Matthew's text.

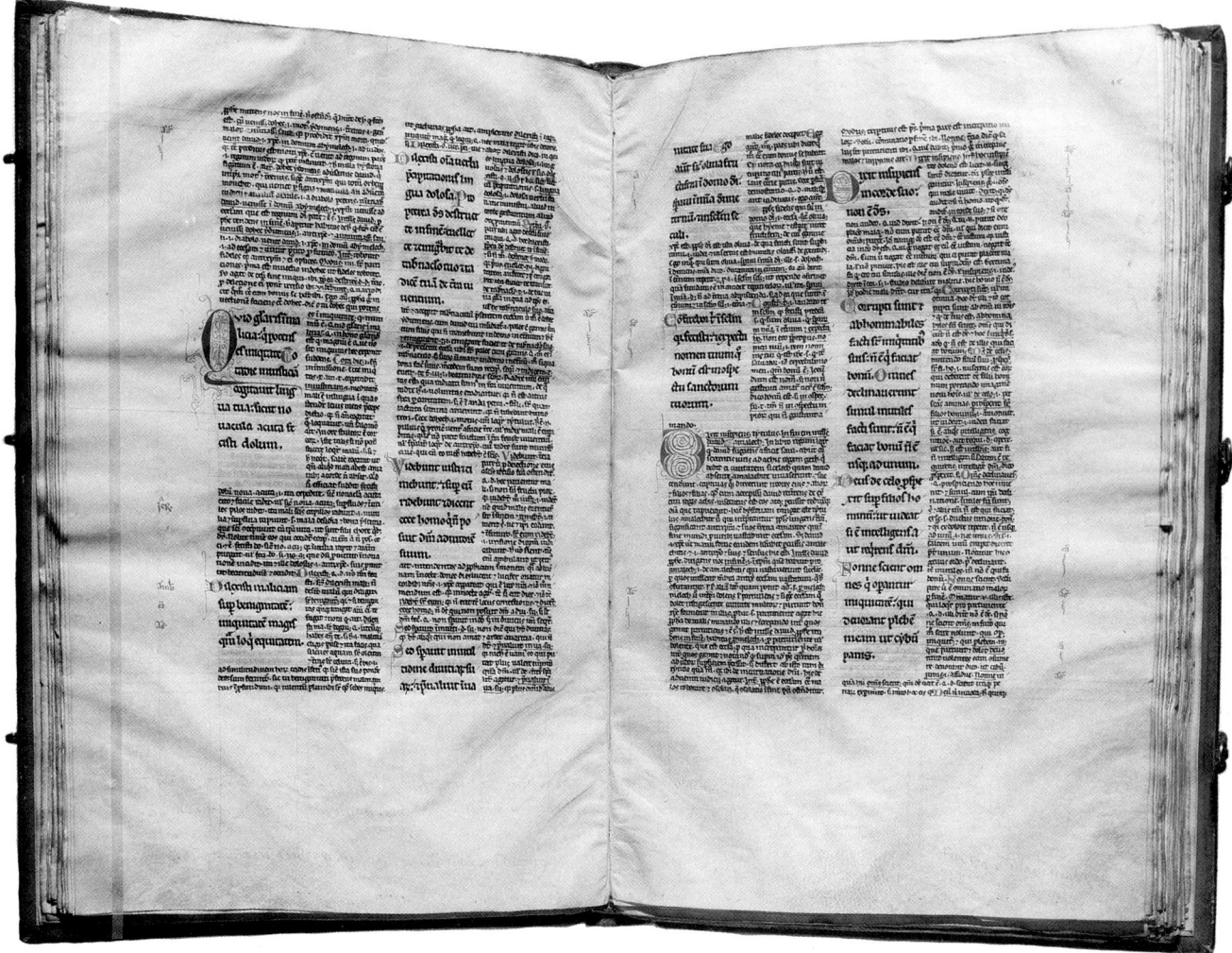

folio 47 verso / 48 recto

10.
Psautier
Angleterre
XIIIᵉ ou XIVᵉ siècle

Encres sur vélin
44,5 x 30,4 x 5 cm
Département des archives et des collections spéciales (Bibliothèques de l'Université du Manitoba), Winnipeg
Collection Dysart, MS 3 (RBR/BS/1429/.P72/13002)
EXPOSITION
Winnipeg, Galerie de l'Université du Manitoba, *The Dysart Memorial Collection of Rare Books and Manuscripts*, 23 avril – 11 mai 1973, n° 3.

Le manuscrit comprend, là où l'écriture est ample, le texte des psaumes et, d'une écriture réduite, divers commentaires sur ces psaumes. Les commentaires sont d'un bon nombre d'anciens auteurs chrétiens, dont saints Ambroise, Jérôme, Augustin et Cassiodore. Le manuscrit est ouvert aux psaumes 51 et 52. Sur le côté gauche du feuillet, la lettre ornée « Q » introduit le psaume 51 : « *Quid gloriaris in malitia* » (Pourquoi te prévaloir du mal?) et, sur le côté droit, la lettre ornée « D » introduit le texte du psaume 52 : « *Dixit insipiens in corde suo* » (L'insensé a dit en son coeur).

10.
Psalter
England
Thirteenth or fourteenth century

Vellum with inks
44.5 x 30.4 x 5 cm
Department of Archives and Special Collections (University of Manitoba Libraries), Winnipeg
Dysart Collection, MS 3 (RBR/BS/1429/.P72/13002)
EXHIBITION
Winnipeg, University of Manitoba Gallery, *The Dysart Memorial Collection of Rare Books and Manuscripts*, April 23 – May 11, 1973, no. 3.

The manuscript contains the text of the Psalms, written in large script, and various commentaries on the Psalms, written in smaller script. The commentaries are by a number of early Christian authors, including Saints Ambrose, Jerome, Augustine, and Cassiodorus. The manuscript is open to Psalms 51 and 52. On the left leaf a decorated initial "Q" begins Psalm 51: "*Quid gloriaris in malitia*" (Why do you boast of mischief?), and on the right leaf a decorated initial "D" begins the text of Psalm 52: "*Dixit insipiens in corde suo*" (The fool said in his heart).

11.
Feuille d'un psautier (?) : l'Adoration des Mages
France, Paris
Vers 1300

Encres, détrempe et feuille d'or sur vélin
13,6 x 8,1 cm
Musée des beaux-arts de Montréal, Montréal
Legs F. Cleveland Morgan
962.1355

PROVENANCE
Montréal, F. Cleveland Morgan.

EXPOSITIONS
Montréal, Musée des beaux-arts de Montréal, *Le Canada collectionne 1860-1960 : Peinture européene*, 19 janvier – 21 février 1960, n° 117, p. 51. Montréal, Musée des beaux-arts de Montréal, *JAMM : Perspective in painting*, 20 avril – 2 mai 1964.

BIBLIOGRAPHIE
Paul Dumas, "A Montreal Connoisseur and Benefactor", *Canadian Art*, 16, 1959, p. 10. Philippe Verdier, "The Medieval Collection", *Apollo*, 103, 1976, p. 364, fig. 13.

La feuille décrit l'adoration des Mages, alors que les trois rois se rendent à Bethléem pour adorer l'Enfant Jésus et lui offrir des présents. L'un des rois désigne dans le ciel l'étoile de Bethléem qui les guida jusqu'à la crèche. Il n'y a pas de texte au verso, mais il est probable que la feuille soit tirée d'un psautier puisque c'était l'usage en France et en Angleterre, à partir du XIe siècle, d'orner les psautiers avec une série d'illustrations à pleine page de la vie du Christ.

11.
Leaf from a Psalter(?): Adoration of the Magi
France, Paris
About 1300

Vellum with inks, tempera and gold leaf
13.6 x 8.1 cm
The Montreal Museum of Fine Arts, Montreal
F. Cleveland Morgan Bequest
962.1355

PROVENANCE
Montreal, F. Cleveland Morgan.

EXHIBITIONS
Montreal, The Montreal Museum of Fine Arts, *Canada Collects 1860-1960: European Painting*, January 19 – February 21, 1960, no. 117, p. 51. Montreal, The Montreal Museum of Fine Arts, *JAMM: Perspective in Painting*, April 20 – May 2, 1964.

BIBLIOGRAPHY
Paul Dumas, "A Montreal Connoisseur and Benefactor", *Canadian Art*, 16, 1959, p. 10. Philippe Verdier, "The Medieval Collection", *Apollo*, 103, 1976, p. 364, fig. 13.

The leaf depicts the Adoration of the Magi, when the three kings came to Bethlehem to worship the Christ child and offer him gifts. One of the kings points upwards to the Star of Bethlehem, which led the kings on their journey. There is no text on the verso but the leaf is possibly excerpted from a Psalter since it was common practice in France and England from the eleventh century on to decorate Psalters with a series of full-page illustrations of the life of Christ.

12.
Leaf from an Antiphonal: Crucifixion
Italy, Pisa(?)
Fourteenth century

Vellum with inks, tempera and gold leaf
33.8 x 22.8 cm
The Montreal Museum of Fine Arts, Montreal
Purchase, Gift of Murray G. Ballantyne and the Horsley and Annie Townsend Bequest
972.11

The verso of the leaf contains a musical text which was probably chanted on Good Friday, the day on which Christ's crucifixion is commemorated. On the recto of the leaf is a depiction of the Crucifixion. At the top of Christ's cross is a coiled serpent, a symbol of evil, inside whose coil a pelican has made its nest. The pelican is a sign of good (it was believed that the pelican pierced its own breast with its beak to provide nourishment for its young). Thus the pelican and serpent together symbolize the triumph of good over evil. To the left of the cross is the Virgin Mary, collapsing into the arms of two other women. Behind this group, a soldier holds a banner depicting a scorpion, also a symbol of evil. To the right of the cross are several more soldiers, one of whom holds a banner with the initials S.P.Q.R. (*Senatus Populusque Romanus*: the symbol of the Roman Empire). At the bottom of the cross are two soldiers casting lots for Christ's robe. In the foliate border at the bottom of the illustration are roundels containing personifications of Ecclesia (the church, at the left) and Synagogue (at the right). Ecclesia holds a scroll and a banner with four sets of crossed keys, and Synagogue is blindfolded and holds a scroll. In the centre is an Old Testament prophet who also holds a scroll.

12.
Feuille d'un antiphonaire : la Crucifixion
Italie, Pise (?)
XIVᵉ siècle

Encres, détrempe et feuille d'or sur vélin
33,8 x 22,8 cm
Musée des beaux-arts de Montréal, Montréal
Achat, don de Murray G. Ballantyne et legs Horsley et Annie Townsend
972.11

Le verso de la feuille contient un texte musical qui était probablement chanté le Vendredi saint, le jour où le crucifiement du Christ est commémoré. Au recto de la feuille, on voit l'illustration de la Crucifixion. Dans la partie supérieure de la croix du Christ, on aperçoit un serpent torsadé, un symbole du mal, à l'intérieur duquel un pélican a fait son nid. Le pélican est un signe du bien (on croyait que celui-ci perçait sa propre poitrine avec son bec pour nourrir ses petits). Ainsi, le pélican et le serpent ensemble symbolisent le triomphe du bien sur le mal. La Vierge est placée à la gauche de la croix, tombant dans les bras de deux autres femmes. Derrière ce groupe, un soldat tient une bannière illustrant un scorpion, un autre symbole du mal. À la droite de la croix, on voit plusieurs autres soldats, dont l'un tient la bannière avec les initiales S.P.Q.R. (*Senatus Populusque Romanus* : le symbole de l'empire romain). Dans la partie inférieure de la croix se tiennent deux soldats qui tirent au sort la robe du Christ. Sur la bordure à feuillage, dans le bas de l'illustration, se trouvent des roulés qui contiennent des personnifications d'Ecclesia (l'église, à gauche) et de Synagogue (à droite). Ecclesia tient un rouleau et une bannière avec quatre séries de clés en croix, et Synagogue a les yeux bandés et tient un rouleau. Au centre, un prophète de l'Ancien Testament tient aussi un rouleau.

folio 106 verso / 107 recto

13.
Antiphonaire
Italie
Vers 1500

Encres, détrempe et feuille d'or sur vélin
59,9 x 43,3 x 13 cm
Thomas Fisher Rare Book Library de l'Université de Toronto, Toronto
MS 9255

BIBLIOGRAPHIE
De Ricci et Wilson, vol. II, 1937, p. 2236, n° 9. Bond et Faye, 1962, p. 533, n° 9.

Le manuscrit est ouvert à l'office des chants du dimanche de Pâques. La feuille de gauche contient la première antienne pour les laudes et commence avec une grande lettre ornée à l'encre rouge et bleue, il s'agit de la lettre « A » : « *Angelus autem domini descendit de caelo* » (L'ange du Seigneur descendit du ciel [Matthieu 28, 2]). La feuille de droite contient le répons : « *Et ecce terraemotus factus est magnus* » (Et voilà qu'il se fit un grand tremblement de terre [Matthieu 28, 2]). Cette feuille est décorée de la lettre historiée « N » qui comprend la figure d'un ange et un rouleau à feuillage remplissant les bordures du côté gauche et du bas de la page. L'ornementation de la feuille de droite est un ajout. On trouve des décorations semblables dans plusieurs autres pages du manuscrit. Il arrive bien souvent, comme c'est le cas pour cette feuille, que la décoration ajoutée par la suite masque certaines parties du texte. De plus, la lettre « N » n'a aucun rapport avec le texte qui suit. Les couvertures de ce manuscrit sont originales et consistent en des panneaux de bois recouverts de cuir et perlés de clous.

13.
Antiphonal
Italy
About 1500

Vellum with inks, tempera and gold leaf
59.9 x 43.3 x 13 cm
Thomas Fisher Rare Book Library, University of Toronto, Toronto
MS 9255

BIBLIOGRAPHY
De Ricci and Wilson, Vol. II, 1937, p. 2236, no. 9. Bond and Faye, 1962, p. 533, no. 9.

The manuscript is open to the Office chants for Easter Sunday. The left leaf contains the first antiphon for Lauds and begins with a large red and blue ink initial "A": "*Angelus autem domini descendit de caelo*" (The angel of the Lord descended from heaven [Matthew 28:2]). The right leaf contains the response "*Et ecce terraemotus factus est magnus*" (And behold, there was a great earthquake [Matthew 28:2]). This leaf is decorated with a painted historiated initial "N", containing the figure of an angel, and a foliate scroll that fills the left and bottom borders of the page. The decoration of the right leaf was a later addition. Similar decoration is found on several of the other pages in the manuscript. In many cases, as on this leaf, the added decoration obscures portions of the text. Moreover, the letter "N" bears no relationship to the text that follows. The covers of the manuscript are original, consisting of wooden boards covered with leather and studded with metal fittings.

folio 119 verso / 120 recto

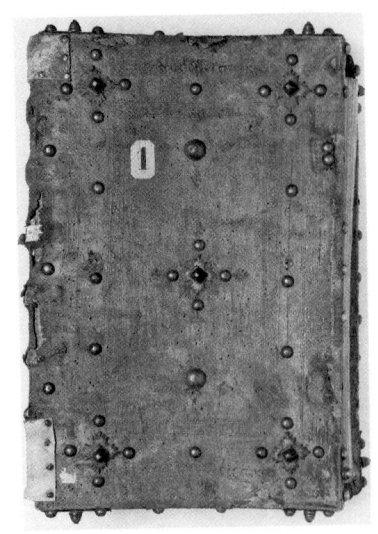

Couverture / Front Cover

14.
Antiphonaire
Italie
XVe siècle
Encres et détrempe sur vélin
52,5 x 37,5 x 14 cm
Département des livres rares et des collections spéciales des bibliothèques de l'Université McGill, Montréal
PROVENANCE
Florence, L.S. Olschki.
BIBLIOGRAPHIE
De Ricci et Wilson, vol. II, 1937, p. 2209, n° 73.

Le manuscrit est ouvert à l'office de la conversion de saint Paul, célébrée le 25 janvier. La lettre peinte « S » introduit le premier répons des matines : « *Saulus adhuc spirans minarum et caedis in discipulos domini* » (Cependant Saul, ne respirant toujours que menaces et carnage à l'égard des disciples du Seigneur [Actes 9, 1]). Les autres lettres ornées sont décorées de fioritures à l'encre. Les couvertures du manuscrit sont originales et sont constituées de panneaux recouverts de cuir repoussé et ornés de bosses de laiton à chaque coin et au centre.

14.
Antiphonal
Italy
Fifteenth century
Vellum with inks and tempera
52.5 x 37.5 x 14 cm
Department of Rare Books and Special Collections, McGill University Libraries, Montreal
PROVENANCE
Florence, L. S. Olschki.
BIBLIOGRAPHY
De Ricci and Wilson, Vol. II, 1937, p. 2209, no. 73.

The manuscript is open to the Office for the Conversion of St. Paul, celebrated on January 25. A painted initial "S" begins the first response for Matins: "*Saulus adhuc spirans minarum et caedis in discipulos domini* (Saul, still breathing threats and murder against the disciples of the Lord [Acts 9:1]). Other initials of the text are decorated with pen flourishes. The covers of the manuscript are original, consisting of boards covered with stamped leather, and brass bosses at the corners and in the centre of each cover.

15.
Feuille d'un antiphonaire : le Sacre de saint Pierre, dans la lettre « S »
Italie, Pise
XIVᵉ siècle
Encres, détrempe et feuille d'or sur vélin
64 x 44,6 cm
Musée des beaux-arts de Montréal, Montréal
Acquisition, don de F. Cleveland Morgan
960.1244

PROVENANCE
Los Angeles, Adolph Loewi. Montréal, F. Cleveland Morgan.
EXPOSITIONS
Montréal, Musée des beaux-arts de Montréal, *L'art et les saints*, 5 mars – 4 avril 1965, n° 9. Hartford, Conn., Wadsworth Atheneum, *An Exhibition of Italian Panels and Manuscripts from the Thirteenth and Fourteenth Centuries in Honor of Richard Offner*, 9 avril – 6 juin 1965, n° 105, p. 56.
BIBLIOGRAPHIE
"Accessions of American and Canadian Museums, April-June 1961", *The Art Quarterly*, 24, 1961, p. 296.

La lettre « S » (« *Simon Petre* ») contient la représentation du sacre de saint Pierre qui porte le costume d'un évêque et tient un codex (livre) ouvert et deux clefs symbolisant cet office. Ce texte était chanté le 22 février, le jour de la fête de la chaire de saint Pierre (*Cathedra Petri*).

15.
Leaf from an Antiphonal: St. Peter Enthroned, in Initial "S"
Italy, Pisa
Fourteenth century
Vellum with inks, tempera and gold leaf
64 x 44.6 cm
The Montreal Museum of Fine Arts, Montreal
Purchase, Gift of F. Cleveland Morgan
960. 1244

PROVENANCE
Los Angeles, Adolph Loewi. Montréal, F. Cleveland Morgan.
EXHIBITIONS
Montreal, The Montreal Museum of Fine Arts, *Images of the Saints*, March 5 – April 4, 1965, no. 9. Hartford, Conn., Wadsworth Atheneum, *An Exhibition of Italian Panels and Manuscripts from the Thirteenth and Fourteenth Centuries in Honor of Richard Offner*, April 9 – June 6, 1965, no. 105, p. 56.
BIBLIOGRAPHY
"Accessions of American and Canadian Museums, April-June, 1961", *The Art Quarterly*, 24, 1961, p. 296.

The initial "S" ("Simon Petre") contains the figure of St. Peter enthroned, dressed as a bishop, and holding an open codex (book) and two keys, the symbol of his office. This text was sung on February 22, the feast of St. Peter's Chair (*Cathedra Petri*).

16.
Feuille d'un antiphonaire : l'exposition solennelle de saint Pierre de Vérone, dans la lettre « F »
Italie, Pérouse
Milieu du XIVᵉ siècle

Encres, détrempe et feuille d'or sur vélin
60,9 x 42,6 cm
Musée des beaux-arts de Montréal, Montréal
Legs F. Cleveland Morgan
962.1360

PROVENANCE
New York, Professeur Simkovitch (jusqu'à 1949). Montréal, F. Cleveland Morgan.

EXPOSITIONS
Montréal, Musée des beaux-arts de Montréal, *Le Canada collectionne 1860-1960 : Peinture européenne*, 19 janvier – 21 février 1960, n° 118, p. 51. Montréal, Musée des beaux-arts de Montréal, *L'art et les saints*, 5 mars – 4 avril 1965, n° 7. Hartford, Conn., Wadsworth Atheneum, *An Exhibition of Italian Panels and Manuscripts from the Thirteenth and Fourteenth Centuries in Honor of Richard Offner*, 9 avril – 6 juin 1965, n° 90, p.50. Ottawa, Musée des beaux-arts du Canada, *Prêts du Musée de Montréal III*, 6 juin 1973 – 1ᵉʳ mai 1976.

BIBLIOGRAPHIE
Evan Turner, "F. Cleveland Morgan, Collector", *Canadian Art*, 20, 1963, p. 33. Paul Dumas, « Les Dons de Madame Elizabeth Morgan au Musée des Beaux-Arts de Montréal », *Vie des Arts*, n° 31, 1963, p. 10. Philippe Verdier, "The Medieval Collection", *Apollo*, 103, 1976, pp. 364-366, figures 14 et 15.

Philippe Verdier a identifié le manuscrit duquel cette feuille provient : un antiphonaire dominicain de Pérouse (Biblioteca Augusta, cor. G. 8). La lettre historiée « F » (« *Fulget* ») illustre les funérailles de saint Pierre de Vérone, aussi connu sous le nom de saint Pierre martyr (mort en 1252), en l'église de Saint-Eustorgio à Milan. La fête de saint Pierre de Vérone est le 29 avril. En outre, la lettre est ornée de tiges d'acanthes, d'un ange tenant un codex et d'un masque de verdure.

16.
Leaf from an Antiphonal: St. Peter of Verona Lying in State, in Initial "F"
Italy, Perugia
Mid fourteenth century

Vellum with inks, tempera and gold leaf
60.9 x 42.6 cm
The Montreal Museum of Fine Arts, Montreal
F. Cleveland Morgan Bequest
962.1360

PROVENANCE
New York, Prof. Simkovitch (to 1949). Montreal, F. Cleveland Morgan.

EXHIBITIONS
Montreal, The Montreal Museum of Fine Arts, *Canada Collects 1860-1960: European Painting*, January 19 – February 21, 1960, no. 118, p. 51. Montreal, The Montreal Museum of Fine Arts, *Images of the Saints*, March 5 – April 4, 1965, no. 7. Hartford, Conn., Wadsworth Atheneum, *An Exhibition of Italian Panels and Manuscripts from the Thirteenth and Fourteenth Centuries in Honor of Richard Offner*, April 9 – June 6, 1965, no. 90, p. 50. Ottawa, National Gallery of Canada, *The Montreal Museum Lends III*, June 6, 1973 – May 1, 1976.

BIBLIOGRAPHY
Evan Turner, "F. Cleveland Morgan, Collector", *Canadian Art*, 20, 1963, p. 33. Paul Dumas, "Les dons de Madame Elizabeth Morgan au Musée des beaux-arts de Montréal", *Vie des Arts*, 31, 1963, p. 10. Philippe Verdier, "The Medieval Collection", *Apollo*, 103, 1976, pp. 364-366, figs. 14 and 15.

Philippe Verdier has identified the parent manuscript of the leaf as a Dominican Antiphonal in Perugia (Biblioteca Augusta, cor. G. 8). The historiated initial "F" ("*Fulget*") depicts the funeral of St. Peter of Verona, also known as St. Peter Martyr (died 1252), in the church of S. Eustorgio in Milan. The feast day of St. Peter of Verona is April 29. The initial is further decorated with acanthus spirals, an angel holding a codex, and a leafy mask.

P̄ dn̄e qd m̄i. aioua e

ulget

deaſ et

ele ſi eno uoch

ni poigi o

17.
Feuille d'un antiphonaire : Jean le Baptiste et le roi Hérode, dans la lettre ornée « M »
Italie, Bologne
Fin du XIIIe siècle

Encres, détrempe et feuille d'or sur vélin
52,6 x 36,9 cm
Musée des beaux-arts de Montréal, Montréal
Legs F. Cleveland Morgan
962.1361

PROVENANCE
Paris et New York, Pierre Berès Inc. (jusqu'à 1957). Montréal, F. Cleveland Morgan.

EXPOSITIONS
Toronto, Royal Ontario Museum, *Books of the Middle Ages*, 1950. Montréal, Musée des beaux-arts de Montréal, *Le Canada collectionne 1860-1960 : Peinture européenne*, 19 janvier – 21 février 1960, n° 119. Montréal, Musée des beaux-arts de Montréal, *L'art et les saints*, 5 mars – 4 avril 1965, n° 8. Hartford, Conn., Wadsworth Atheneum, *An Exhibition of Italian Panels and Manuscripts from the Thirteenth and Fourteenth Centuries in Honor of Richard Offner*, 9 avril – 6 juin 1965, n° 60, p. 39.

BIBLIOGRAPHIE
Harry Bober, *The Mortimer Brandt Collection of Mediaeval Manuscript Illuminations*, New York, 1966, p. 31.

Une illustration de Jean le Baptiste se disputant avec le roi Hérode décore la lettre « M » : « *Misit Herodes rex manus ac tenuit Iohannem* » (En effet, c'était lui, Hérode, qui avait envoyé arrêter Jean et l'enchaîner en prison [Marc 6, 17]). Ce passage était chanté le 29 août, lorsque la mort de Jean le Baptiste était commémorée. Au bas de la feuille, on voit une représentation de l'exécution de Jean. À gauche, sont assis Hérode et Hérodiade dans une pièce fermée. Salomé approche avec la tête de Jean sur un plateau. À droite, on distingue la prison où on voit un bourreau, l'épée à la main, et le corps décapité de Jean. Cette feuille (ainsi que le cat. n° 4 du même artiste) a été attribuée par Harry Bober à l'atelier d'Oderisi da Gubbio, qui travaillait à Bologne vers la fin du XIIIe siècle.

17.
Leaf from an Antiphonal: John the Baptist and King Herod, in Initial "M"
Italy, Bologna
Late thirteenth century

Vellum with inks, tempera and gold leaf
52.6 x 36.9 cm
The Montreal Museum of Fine Arts, Montreal
F. Cleveland Morgan Bequest
962.1361

PROVENANCE
Paris and New York, Pierre Berès Inc. (to 1957). Montreal, F. Cleveland Morgan.

EXHIBITIONS
Toronto, Royal Ontario Museum, *Books of the Middle Ages*, 1950. Montreal, The Montreal Museum of Fine Arts, *Canada Collects 1860-1960: European Painting*, January 19 – February 21, 1960, no. 119. Montreal, The Montreal Museum of Fine Arts, *Images of the Saints*, March 5 – April 4, 1965, no. 8. Hartford, Conn., Wadsworth Atheneum, *An Exhibition of Italian Panels and Manuscripts from the Thirteenth and Fourteenth Centuries in Honor of Richard Offner*, April 9 – June 6, 1965, no. 60, p. 39.

BIBLIOGRAPHY
Harry Bober, *The Mortimer Brandt Collection of Mediaeval Manuscript Illuminations* (New York, 1966), p. 31.

A depiction of John the Baptist disputing with King Herod decorates the initial "M": "*Misit Herodes rex manus ac tenuit Iohannem*" (King Herod had sent and seized John [Mark 6:17]). This passage was chanted on August 29, when the death of John the Baptist was commemorated. At the bottom of the leaf is a representation of the execution of John. At the left Herod and Herodias are seated within an interior. Salome approaches with the head of John on a platter. At the right is the prison, with a sword-wielding executioner and John's headless body. This leaf (and cat. no. 4, by the same hand) has been attributed by Harry Bober to the workshop of Oderisi da Gubbio, who was active in Bologna in the late thirteenth century.

ISTE hero r-
des rex manus
ac te nuit
iohannem et uinxit eum
in carcerem quia me
tuebat eum propter
herodia dem Qua tu le

18.
Feuille d'un antiphonaire : la figure du Christ, dans la lettre ornée « I »
Sud de l'Allemagne ou Autriche
Fin du XIIe siècle
Encres sur vélin
18 x 23,4 cm
Musée des beaux-arts de Montréal, Montréal
Legs F. Cleveland Morgan
962.1359
PROVENANCE
Strasbourg, Docteur Forrers. New York, Professeur Simkovitch (jusqu'à 1949). Montréal, F. Cleveland Morgan.

Cette feuille n'est que la partie inférieure d'une page, la partie supérieure ayant été coupée. La figure du Christ placée dans la marge de gauche du folio forme la lettre « I » avec laquelle débute le texte « *In principio erat verbum* » (Au commencement était le Verbe [Jean 1, 1]). Ce répons était chanté à l'office des matines à la Toussaint (le 1er novembre).

18.
Leaf from an Antiphonal: Figure of Christ as Initial "I"
Southern Germany or Austria
Late twelfth century
Vellum with inks
18 x 23.4 cm
The Montreal Museum of Fine Arts, Montreal
F. Cleveland Morgan Bequest
962.1359
PROVENANCE
Strasbourg, Dr. Forrers. New York, Prof. Simkovitch (to 1949). Montreal, F. Cleveland Morgan.

The leaf is the bottom portion of a page. The top part has been cut off. The figure of Christ in the left margin of the folio forms a letter "I" which begins the text "In principio erat verbum" (In the beginning was the Word [John 1:1]). This response was sung at the Office of Matins on the feast of All Saints (November 1).

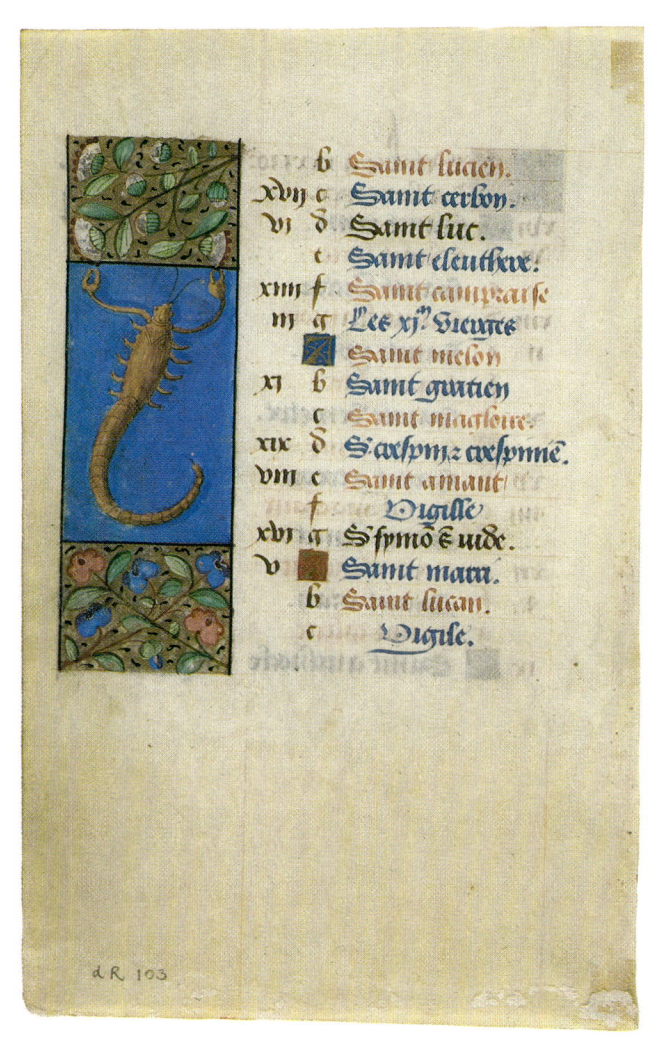

recto

verso

19.
Feuille d'un Livre d'Heures : le mois d'octobre
France
Vers 1470

Encres, détrempe et feuille d'or sur vélin
18,1 x 11,7 cm
Département des livres rares et des collections spéciales des bibliothèques de l'Université McGill, Montréal

BIBLIOGRAPHIE
De Ricci et Wilson, vol. II, 1937, p. 2212, n° 103(a).

Cette feuille est tirée d'un calendrier ; il s'agit de la page du mois d'octobre. Le recto présente une scène où un homme sème le blé, occupation typique de ce mois. Sur le verso, on peut voir le signe du zodiaque pour ce mois, c'est-à-dire le Scorpion. Le calendrier est rédigé en français, bien que le reste du manuscrit (se référer aux cat. n°s 27 et 28) soit écrit en latin.

19.
Leaf from a Book of Hours: The Month of October
France
About 1470

Vellum with inks, tempera and gold leaf
18.1 x 11.7 cm
Department of Rare Books and Special Collections,
McGill University Libraries, Montreal

BIBLIOGRAPHY
De Ricci and Wilson, Vol. II, 1937, p. 2212, no. 103(a).

The leaf is a calendar page for the month of October. On the recto is a depiction of a man sowing grain, a typical labour for the month. On the verso is the sign of the zodiac for October, Scorpio. The calendar is written in French, although the rest of the manuscript (cat. nos. 27 and 28) is written in Latin.

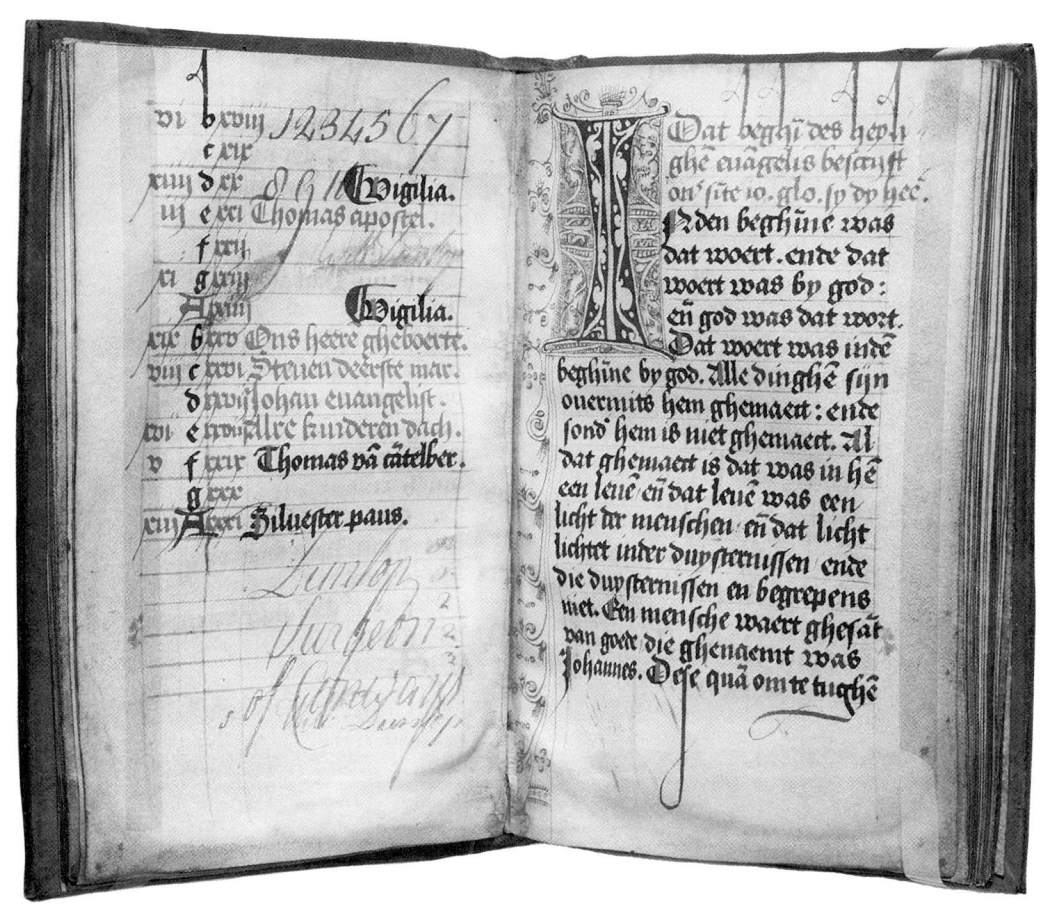

folio 12 verso / 13 recto

20.
Livre d'Heures
Pays-Bas
XVe siècle
Encres sur vélin
15,7 x 11 x 3 cm
Thomas Fisher Rare Book Library de l'Université de Toronto, Toronto
MS 3024
PROVENANCE
Charles Gordon. Conways, William Dunlop. W.S. Jackson.
BIBLIOGRAPHIE
De Ricci et Wilson, vol. II, 1937, p. 2236, n° 11. Bond et Faye, 1962, p. 534, n° 11.

Le texte du manuscrit écrit en hollandais est un bon exemple de l'emploi de la langue vernaculaire dans les livres de dévotions privées de la fin du Moyen Âge. On peut voir sur la page de gauche des deux feuilles en montre la dernière partie de la page du calendrier du mois de décembre. On remarque à la fin du calendrier du mois de décembre l'inscription du nom de l'un de ses propriétaires du XIXe siècle, William Dunlop, un chirurgien de Conways. Le texte comme tel débute sur la page de droite, une lecture de l'Évangile selon saint Jean [Jean 1, 1-14]. Ce feuillet est décoré de la lettre ornée « I » peinte à l'encre bleue, rouge et verte. De délicates fioritures rouges et vertes remplissent la bordure intérieure de la feuille.

20.
Book of Hours
The Netherlands
Fifteenth century
Vellum with inks
15.7 x 11 x 3 cm
Thomas Fisher Rare Book Library, University of Toronto, Toronto
MS 3024
PROVENANCE
Charles Gordon. Conways, William Dunlop. W. S. Jackson.
BIBLIOGRAPHY
De Ricci and Wilson, Vol. II, 1937, p. 2236, no. 11. Bond and Faye, 1962, p. 534, no. 11.

The text of this manuscript is written in Dutch and is an example of the use of the vernacular for lay devotional books in the late Middle Ages. On the left page of the two on display is the latter part of the calendar for December. At the end of the calendar, one of the nineteenth-century owners of the manuscript, William Dunlop, a surgeon from Conways, inscribed his name. On the right page is the beginning of the text proper, a reading from the Gospel of John (1:1-14). This leaf is decorated with an initial letter "I" rendered in blue, red and green inks. Delicate pen flourishes in red and green fill the inner border of the leaf.

50

21.
Feuille d'un Livre d'Heures : l'Annonciation
France , Paris
Vers 1430
Encres, détrempe et feuille d'or sur vélin
11,2 x 7,8 cm
Musée des beaux-arts de Montréal, Montréal
Legs F. Cleveland Morgan
962.1357
PROVENANCE
New York, Schaeffer Galleries (jusqu'à 1958). Montréal, F. Cleveland Morgan.

Le texte est le début de l'office des matines du petit office de la Vierge, ou petites heures de Notre-Dame. Il commence par « *Domine labia mea aperies* » (Seigneur, ouvre mes lèvres [psaume 50, 17]). L'Annonciation à la Vierge y est illustrée. Au centre, on voit la Vierge agenouillée à un prie-Dieu lisant un livre. À gauche, l'archange Gabriel approche, ses paroles sont inscrites sur une banderole qui les sépare : « *Ave gratia plena Dominus tecum* » (Réjouis-toi, comblée de grâce, le Seigneur est avec toi [Luc 1, 28]). Dans le coin supérieur gauche, Dieu regarde Marie par la fenêtre ouverte. La colombe de l'Esprit Saint plane au-dessus de sa tête. On voit au bas de la feuille la devise héraldique du propriétaire du manuscrit, un blason décoré d'un château à trois tourelles.

21.
Leaf from a Book of Hours: Annunciation
France, Paris
About 1430
Vellum with inks, tempera and gold leaf
11.2 x 7.8 cm
The Montreal Museum of Fine Arts, Montreal
F. Cleveland Morgan Bequest
962.1357
PROVENANCE
New York, Schaeffer Galleries (to 1958). Montreal, F. Cleveland Morgan.

The text is the beginning of the Office of Matins in the Little Office of the Blessed Virgin Mary, or Hours of the Virgin. The text begins "Domine labia mea aperies" (O Lord, open thou my lips [Psalm 50:17]). The illustration is the Annunciation to the Virgin. In the centre of the illustration the Virgin kneels at a prie-dieu reading a book. The archangel Gabriel approaches from the left, his words to the Virgin appearing on a scroll between them: "Ave gratia plena Dominus tecum" (Hail O favoured one, the Lord is with you [Luke 1:28]). At the top left, God looks down at Mary through an open window. The dove of the Holy Ghost hovers over her head. At the bottom of the leaf is the heraldic device of the owner of the manuscript, a shield decorated with a three-turreted castle.

folio 20 verso / 21 recto

22.
Livre d'Heures (à l'usage de Rome)
France
Fin du XIVe siècle

Encres et détrempe sur vélin
11,4 x 9,5 x 3,5 cm
Thomas Fisher Rare Book Library de l'Université de Toronto, Toronto
MS 1239

PROVENANCE
W.S. Jackson.

BIBLIOGRAPHIE
De Ricci et Wilson, vol. II, 1937, p. 2236, n° 13. Bond et Faye, 1962, p. 534, n° 13.

Le manuscrit est ouvert à l'office de laudes des heures de Notre-Dame. L'illustration dans le coin inférieur gauche montre un chevalier combattant un dragon. Les mots « *Iesus Maria* » sont inscrits sur la bannière portée sur la lance du chevalier (une invocation au Christ et à la Vierge pour demander la victoire). Il est possible que cette représentation se réfère au texte qui le précède, qui est du Cantique de Zacharie : « *Benedictus Dominus Deus Israel* » (Béni soit le Seigneur, le Dieu d'Israël [Luc 1, 68-79]). Ce cantique était lu tous les jours aux laudes, et constituait une prière qui rend grâce à Dieu pour, entre autres, nous délivrer de nos ennemis.

22.
Book of Hours (use of Rome)
France
Late fourteenth century

Vellum with inks and tempera
11.4 x 9.5 x 3.5 cm
Thomas Fisher Rare Book Library, University of Toronto, Toronto
MS 1239

PROVENANCE
W. S. Jackson.

BIBLIOGRAPHY
De Ricci and Wilson, Vol. II, 1937, p. 2236, no. 13. Bond and Faye, 1962, p. 534, no. 13.

The manuscript is open to the Office of Lauds in the Hours of the Virgin. The illustration at the bottom of the left page depicts a knight fighting a dragon. The banner on the knight's lance is inscribed "Iesus Maria" (an invocation to Christ and Mary for victory). The illustration may refer to the text above, which is the Canticle of Zacharias: "*Benedictus Dominus Deus Israel*" (Blessed be the Lord God of Israel [Luke 1:68-79]). This Canticle was read daily at Lauds and is a prayer of thanksgiving to God for, among other things, salvation from enemies.

23.
Deux feuilles d'un Livre d'Heures : le Châtiment du Christ
Flandres
XVe siècle

Encres, détrempe et feuille d'or sur vélin
19,5 x 15,3 cm
19,5 x 15,2 cm
Département des livres rares et des collections spéciales des bibliothèques de l'Université McGill, Montréal
Encadré 46

Les deux feuilles ne sont pas reliées et ne sont peut-être pas, par conséquent, directement associées au même manuscrit d'origine. Le texte est tiré de tierce dans les heures de Notre-Dame (à l'usage de Rome). L'illustration décrit le châtiment du Christ, un événement qui fait partie du cycle de la Passion. Les scènes de la Passion étaient quelquefois rattachées aux heures de Notre-Dame, même si généralement la séquence des scènes montrait plutôt l'enfance du Christ.

23.
Two Leaves from a Book of Hours: Scourging of Christ
Flanders
Fifteenth century

Vellum with inks, tempera and gold leaf
19.5 x 15.3 cm
19.5 x 15.2 cm
Department of Rare Books and Special Collections,
McGill University Libraries, Montreal
Framed 46

The two leaves are not connected and thus might not have been directly associated in the parent manuscript. The text is that for Terce in the Hours of the Virgin (use of Rome). The illustration depicts the Scourging of Christ, an event in the Passion cycle. Passion scenes were sometimes associated with the Hours of the Virgin, although the more normal sequence was scenes from the infancy of Christ.

24.
Feuille d'un Livre d'Heures : le Triomphe de la Vierge
France, Paris(?)
Vers 1430
Encres, détrempe et feuille d'or sur vélin
15,4 x 11,1 cm
Musée des beaux-arts de Montréal, Montréal
Legs F. Cleveland Morgan
962.1354
PROVENANCE
Montréal, F. Cleveland Morgan.

Le texte de cette feuille est le début de l'office des complies des petites heures de Notre-Dame : « *Converte nos deus salutaris noster* » (Fais-nous revenir, Dieu de notre salut) [psaume 84, 5]). L'illustration montre le triomphe de la Vierge qui prend place sur le trône à la droite du Christ au ciel. Dans la majorité des représentations des complies, la Vierge est habituellement dépeinte alors qu'elle se voit couronnée reine des Cieux et épouse du Christ; ici la cérémonie de couronnement a été omise. La Vierge intercède auprès du Christ au nom de l'humanité. Le Christ tient un globe de la terre, ce qui représente son empire sur le monde.

24.
Leaf from a Book of Hours: Triumph of the Virgin
France, Paris(?)
About 1430
Vellum with inks, tempera and gold leaf
15.4 x 11.1 cm
The Montreal Museum of Fine Arts, Montreal
F. Cleveland Morgan Bequest
962.1354
PROVENANCE
Montreal, F. Cleveland Morgan.

The text of the leaf is the beginning of the Office of Compline in the Hours of the Virgin and begins "Converte nos deus salutaris noster" (Restore us again, O God of our salvation [Psalm 84:5]). The illustration shows the Triumph of the Virgin, who is enthroned on the right hand of Christ in heaven. In most Compline illustrations, the Virgin is shown being crowned as the Queen of Heaven and the Bride of Christ, although here the coronation ceremony has been omitted. The Virgin acts as an intercessor, praying to Christ on behalf of mankind. Christ holds a globe of the earth, representing his dominion over the world.

25.
Feuille d'un Livre d'Heures : la Vierge et l'Enfant
France ou Flandres
Vers 1500

Encres et détrempe sur vélin
18,8 x 12,5 cm
Malcove Collection de l'Université de Toronto, Toronto
M82.439

PROVENANCE
New York, Docteur Lillian Malcove.

EXPOSITION
Toronto, Justina M. Barnicke Art Gallery, *The Malcove Collection*, 6 février – 7 mars 1986, cat. 406.

BIBLIOGRAPHIE
Sheila D. Campbell, sous la direction de, *The Malcove Collection*, Toronto, University of Toronto Press, 1985, p. 301-302 (notice par Marian J. Hollinger).

Comme l'indique le verso de la feuille, cette scène de la Vierge et l'Enfant orne une prière vouée à la Vierge Marie. On y voit la Vierge debout sur un piédestal, tenant l'Enfant Jésus. Des rayons de lumière dorés émanent d'eux et leurs figures projettent une ombre sur le mur à gauche. La bordure à feuillage est peinte en or sur un fond bleu. La bordure est parsemée d'étoiles dorées qui représentent le ciel.

25.
Leaf from a Book of Hours: Virgin and Child
France or Flanders
About 1500

Vellum with inks and tempera
18.8 x 12.5 cm
University of Toronto, Malcove Collection, Toronto
M82.439

PROVENANCE
New York, Dr. Lillian Malcove.

EXHIBITION
Toronto, Justina M. Barnicke Art Gallery, *The Malcove Collection*, February 6 – March 7, 1986, cat. 406.

BIBLIOGRAPHY
Sheila D. Campbell, ed., *The Malcove Collection* (Toronto: University of Toronto Press, 1985), pp. 301-302 (entry by Marian J. Hollinger).

As the verso of the leaf indicates, this depiction of the Virgin and child decorated a prayer dedicated to the Virgin Mary. In the illustration, the Virgin is shown standing on a pedestal, holding the Christ child. Golden rays of light emanate from them, and their figures cast a shadow on the wall to their left. The foliate border is painted in gold on a blue background. Golden stars, representing heaven, dot the border.

folio 77 verso / 78 recto : le Roi David à sa prière / King David Praying

26.
Livre d'Heures (à l'usage de Paris)
Nord de la France, Paris ou Rouen
Fin du XVe siècle

Encres, détrempe et feuille d'or sur vélin
17,4 x 12,9 x 7 cm
Musée des beaux-arts de Montréal, Montréal
Legs Madame George D. Pratt
943.1372

PROVENANCE
Montréal, Madame George D. Pratt.

EXPOSITIONS
Montréal, Exhibition Centre, Canadian Industries Ltd., novembre, 1950. Montréal, Musée des beaux-arts de Montréal, *Art français du Moyen Âge*, 11 janvier – 18 février 1973 (hors catalogue).

Le manuscrit est ouvert à la fin des heures de Notre-Dame et au début des sept Psaumes pénitentiaux, le premier étant le psaume 6 : « *Domine ne in furore tuo arguas me* » (Yahvé, ne me châtie point dans ta colère). Précédant les psaumes, on voit une illustration du roi David, à qui l'on attribue généralement ceux-ci. David s'agenouille au prie-Dieu derrière lequel se trouve sa harpe. Il lève les yeux vers Dieu qu'on voit au ciel dans le coin supérieur droit de l'image. Dans la lettre ornée « D », on voit une représentation de David ayant lancé sa fronde au géant Goliath. La bordure est ornée d'une variété de plantes, comprenant des chardons et des fraises. Un oiseau de grande taille mange une fraise dans le coin inférieur droit.

26.
Book of Hours (use of Paris)
Northern France, Paris or Rouen
Late fifteenth century

Vellum with inks, tempera and gold leaf
17.4 x 12.9 x 7 cm
The Montreal Museum of Fine Arts, Montreal
Mrs. George D. Pratt Bequest
943.1372

PROVENANCE
Montreal, Mrs. George D. Pratt.

EXHIBITIONS
Montreal, Exhibition Centre, Canadian Industries Ltd., Nov., 1950. Montreal, The Montreal Museum of Fine Arts, *Art Français du Moyen Âge*, January 11 – February 18, 1973 (hors catalogue).

The manuscript is open to the end of the Hours of the Virgin and the beginning of the seven Penitential Psalms, the first of which is Psalm 6: "Domine ne in furore tuo arguas me" (O Lord, rebuke me not in thy anger). Preceding the Psalms is a depiction of King David, the traditional author of the Psalms. David kneels at a prie-dieu behind which is his harp. He looks up at God who is shown in heaven in the upper right hand corner of the image. In the initial letter "D" is a representation of David loosing his sling at the giant Goliath. The border is decorated with a variety of plants, including thistles and strawberries. A large bird eats a strawberry in the lower right corner.

27.
Feuille d'un Livre d'Heures : le Christ devant Ponce Pilate
France
Vers 1470

Encres, détrempe et feuille d'or sur vélin
18 x 11,8 cm
Département des livres rares et des collections spéciales des bibliothèques de l'Université McGill, Montréal

BIBLIOGRAPHIE
De Ricci et Wilson, vol. II, 1937, p. 2212, n° 103(b).

La feuille comprend la fin de l'office de prime et le début de l'office de tierce des petites heures de la Croix. La scène montre le Christ devant Ponce Pilate ; cet évènement de la Passion du Christ est expressément mentionné dans le texte de prime. Cette feuille provient du même manuscrit que les numéros 19 et 28 du catalogue.

27.
Leaf from a Book of Hours: Christ before Pilate
France
About 1470

Vellum with inks, tempera and gold leaf
18 x 11.8 cm
Department of Rare Books and Special Collections,
McGill University Libraries, Montreal

BILBIOGRAPHY
De Ricci and Wilson, Vol. II, 1937, p. 2212, no. 103(b).

The leaf contains the end of the Office of Prime and the beginning of the Office of Terce in the short Hours of the Cross. The illustration is that of Christ before Pilate, an event in the Passion of Christ which is specifically mentioned in the text of Prime. This leaf is from the same manuscript as catalogue numbers 19 and 28.

28.
Deux feuilles d'un Livre d'Heures : le suffrage à saint Étienne et le suffrage aux saints Jean et Paul
France
Vers 1470
Encres, détrempe et feuille d'or sur vélin
De Ricci 105(a) : 18 x 11,6 cm
De Ricci 105(b) : 17,4 x 11,6 cm
Département des livres rares et des collections spéciales des bibliothèques de l'Université McGill, Montréal
BIBLIOGRAPHIE
De Ricci et Wilson, vol. II, 1937, p. 2212, n° 105(a et b).

Ces deux feuilles contiennent les suffrages (prières) à divers saints. À gauche, on voit le suffrage à saint Étienne (De Ricci 105[a]), dont la fête est le 26 décembre. La scène illustre la lapidation de saint Étienne que l'on décrit dans le texte des Actes 7, 58-60. À droite, on aperçoit le suffrage aux saints Jean et Paul (De Ricci 105[b]), deux saints du IV[e] siècle qui sont commémorés le 26 juin. Ces deux personnages tiennent des feuilles de palme qui symbolisent leur martyre. La bordure de la feuille de saint Étienne est ornée de divers types de fleurs. La bordure de la feuille des saints Jean et Paul comprend des lettres ornées entrelacées qui appartiennent aux propriétaires initiaux du manuscrit, Iehan Brulhon (inscrit dans la bordure au verso) et Anthoine Fayete. Ces feuilles proviennent du même manuscrit que les numéros 19 et 27 du catalogue.

28.
Two Leaves from a Book of Hours: Suffrage to St. Stephen and Suffrage to Saints John and Paul
France
About 1470
Vellum with inks, tempera and gold leaf
De Ricci 105(a) : 18 x 11,6 cm
De Ricci 105(b) : 17,4 x 11,6 cm
Department of Rare Books and Special Collections,
McGill University Libraries, Montreal
BIBLIOGRAPHY
De Ricci and Wilson, 1937, Vol. II, p. 2212, no. 105(a and b).

These two leaves contain the Suffrages (prayers) to various saints. On the left is the Suffrage to St. Stephen (De Ricci 105[a]), whose feast day is December 26. In the illustration, St. Stephen is shown being stoned, as described in the text of Acts 7:58-60. On the right is the Suffrage to Saints John and Paul (De Ricci 105[b]), two fourth-century saints who are commemorated on June 26. These two figures hold palm fronds, symbolic of their martyrdom. The border of the Saint Stephen leaf is decorated with various types of flowers. The border of the Saints John and Paul leaf contains the intertwined initials of the original owners of the manuscript, Iehan Brulhon (written in the border on the verso) and Anthoine Fayete. These leaves are from the same manuscript as catalogue numbers 19 and 27.

29.
Feuille d'un Livre d'Heures : la Présentation de la maquette d'une église à saint Jacques dit le Majeur
Simon Bening (vers 1483-1561)
Flandres, Bruges
Vers 1525
Encres, détrempe et feuille d'or sur vélin
18,8 x 13,9 cm
Musée de beaux-arts de Montréal, Montréal
Achat, legs Horsley et Annie Townsend
955.1370
EXPOSITION
Montréal, Musée des beaux-arts de Montréal, *L'art et les saints*, 5 mars – 4 avril 1965, n° 22.
BIBLIOGRAPHIE
Francis Wormald et Phyllis M. Giles, *A Descriptive Catalogue of the Additional Illuminated Manuscripts in the Fitzwilliam Museum*, Cambridge, Cambridge University Press, 1982, vol. 1, p. 271.

Ce feuillet décrit saint Jacques dit le Majeur (dont la fête est le 25 juillet) assis dans une église. Il tient un bâton et porte un chapeau de pèlerin décoré de bâtons en croix, une coquille de pèlerin et la véronique. Ce costume évoque le pèlerinage populaire à la tombe de Saint-Jacques-de-Compostelle, une ville du Nord-Ouest de l'Espagne. À la droite de saint Jacques, on remarque un homme, probablement un donateur, tenant une maquette d'une église à clocher. Saint Jacques est peint en trompe-l'oeil sur un panneau qui est superposé à une scène de paysage urbain où l'on peut voir à gauche deux femmes s'entretenir et, au bas de l'image, plusieurs personnes regardant un tournoi de joute.

29.
Leaf from a Book of Hours: St. James Presented with a Model of a Church
Simon Bening (about 1483-1561)
Flanders, Bruges
About 1525
Vellum with inks, tempera and gold leaf
18.8 x 13.9 cm
The Montreal Museum of Fine Arts, Montreal
Purchase, Horsley and Annie Townsend Bequest
955.1370
EXHIBITION
Montreal, The Montreal Museum of Fine Arts, *Images of the Saints*, March 5 – April 4, 1965, no. 22.
BIBLIOGRAPHY
Francis Wormald and Phyllis M. Giles, *A Descriptive Catalogue of the Additional Illuminated Manuscripts in the Fitzwilliam Museum* (Cambridge: Cambridge University Press, 1982), Vol. 1, p. 271.

The leaf depicts St. James the Major (feast day July 25) seated within a church. He holds a pilgrim's staff and wears a pilgrim's hat decorated with crossed staves, a cockleshell and Veronica's veil. This costume is a reference to the popular pilgrimage to the tomb of St. James at Santiago da Compostela in northwest Spain. To St. James' right is a man, probably a donor, who holds out a model of a steepled church. St. James is represented on an illusionistic panel painting which is superimposed over a scene of a townscape with two women in conversation at the left, and a number of people watching a jousting tournament at the bottom.

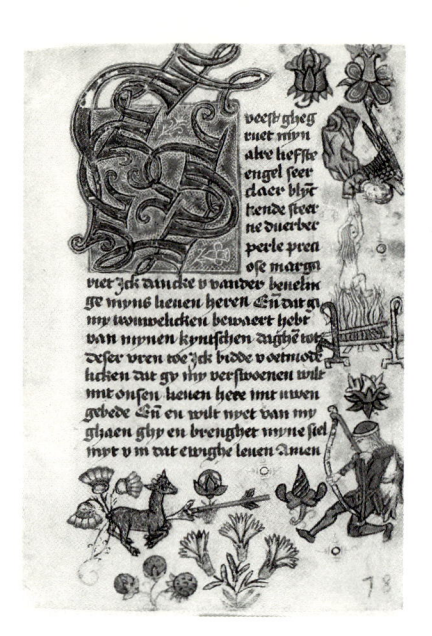

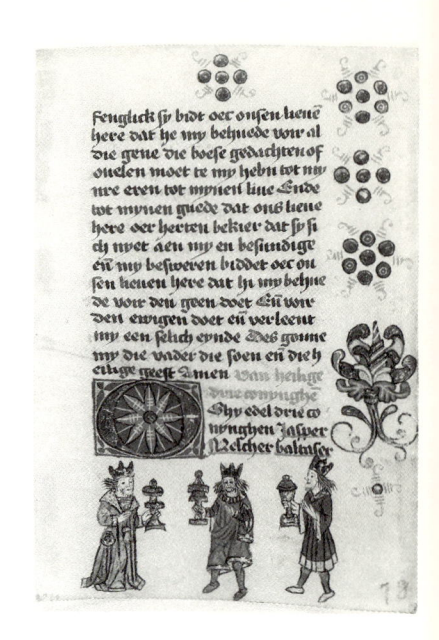

30.
Trois feuilles d'un Livre d'Heures
Flandres
Seconde moitié du XVe siècle

Encres et détrempe sur vélin
M82.447 : 14,9 x 10,5 cm
M82.448 : 15,1 x 10,2 cm
M82.449 : 14,8 x 10,4 cm
Malcove Collection de l'Université de Toronto, Toronto
M82.447, 448, 449

PROVENANCE
New York, Docteur Lillian Malcove.

EXPOSITION
Toronto, Justina M. Barnicke Art Gallery, *The Malcove Collection*, 6 février – 7 mars 1986, cat. 405.

BIBLIOGRAPHIE
Sheila D. Campbell, sous la direction de, *The Malcove Collection*, Toronto, University of Toronto Press, 1985, pp. 299-301 (notice par Marian J. Hollinger).

Le texte de ces trois feuilles est écrit en vieux flamand et contient des prières à divers saints. Le folio de gauche (M82.447) comprend une prière à saint Michel, qui est figuré dans la partie droite de la bordure de la feuille, tirant une âme des flammes de l'enfer. Au bas de cette feuille, on voit un chasseur lançant une flèche vers un cerf; il s'agit peut-être d'une référence au psaume 41, 2 : « Comme languit une biche après les eaux vives, ainsi languit mon âme vers toi, mon Dieu ». La feuille du centre (M82.448) renferme une prière à saint Jean dit l'Évangéliste, qui est dépeint dans la marge du bas de la page, et la feuille de droite (M82.449) comporte une prière aux trois Mages que l'on voit dans la partie inférieure de la bordure, portant leurs présents à l'Enfant Jésus.

30.
Three Leaves from a Book of Hours
Flanders
Second half of the fifteenth century

Vellum with inks and tempera
M82.447: 14.9 x 10.5 cm
M82.448: 15.1 x 10.2 cm
M82.449: 14.8 x 10.4 cm
University of Toronto, Malcove Collection, Toronto
M82.447, 448, 449

PROVENANCE
New York, Dr. Lillian Malcove.

EXHIBITION
Toronto, Justina M. Barnicke Art Gallery, *The Malcove Collection*, February 6 – March 7, 1986, cat. 405.

BIBLIOGRAPHY
Sheila D. Campbell, ed., *The Malcove Collection* (Toronto: University of Toronto Press, 1985), pp. 299-301 (entry by Marian J. Hollinger).

The text of the three leaves is written in Old Flemish and contains prayers to various saints. The folio on the left (M82.447) contains a prayer to St. Michael, who is shown in the right border of the leaf, pulling a human soul from the flames of hell. At the bottom of this leaf is a representation of a hunter shooting an arrow at a deer, perhaps a reference to Psalm 41:2: "As a hart longs for flowing streams, so longs my soul for thee, O God." The central leaf (M82.448) contains a prayer to St. John the Evangelist who is depicted in the lower margin of the page, and the right leaf (M82.449) contains a prayer to the three Magi who are shown in the lower border carrying their gifts to the Christ child.

folio 91 verso / 92 recto: l'Enterrement / Burial

31.
Livre d'Heures (à l'usage de Rome)
France
Fin du XVe siècle
Encres, détrempe et feuille d'or sur vélin
22,5 x 15,8 x 3,9 cm
Département des livres rares et des collections spéciales des bibliothèques de l'Université McGill, Montréal
Legs l'Honorable et Madame Joseph-Édouard Perrault
McGill 108a
PROVENANCE
Montréal, l'Honorable et Madame Joseph-Édouard Perrault.

La feuille de gauche des pages en montre présente la fin des sept Psaumes pénitentiaux. La feuille de droite est le début de l'office des Morts qui était lu tous les jours par des laïcs dévots; cet office devait leur rappeler la brièveté de l'existence terrestre. Cet office débute par les vêpres, avec l'antienne « *Placebo domino* » (Comment rendrai-je à Yahvé tout le bien qu'il m'a fait? [psaume 114, 9]) et le psaume « *Dilexi quoniam exaudiet dominus vocem orationis meae* » (J'aime, lorsque Yahvé entend ma prière, lorsqu'il tend l'oreille vers moi, [psaume 114, 1]). La scène illustre l'enterrement du défunt. Dans la bordure, on voit deux créatures fantastiques, mi-hommes et mi-bêtes, l'une d'elles lance une flèche vers l'autre.

31.
Book of Hours (use of Rome)
France
Late fifteenth century
Vellum with inks, tempera and gold leaf
22.5 x 15.8 x 3.9 cm
Department of Rare Books and Special Collections,
McGill University Libraries, Montreal
Hon. and Mme Joseph Édouard Perrault Bequest
McGill 108a
PROVENANCE
Montreal, Hon. and Mme Joseph Édouard Perrault.

The left leaf of the exhibited pages is the end of the seven Penitential Psalms. The right leaf is the beginning of the Office of the Dead, which was read daily by devout laymen as a reminder of the brevity of earthly existence. The Office begins with Vespers, with the antiphon "Placebo domino" (I will please the Lord [Psalm 114:9]) and the Psalm "Dilexi quoniam exaudiet dominus vocem orationis meae" (I love the Lord because he has heard my voice and my supplications [Psalm 114:1]). The illustration depicts the burial of the deceased. In the border are two fantastic creatures, half man and half beast, one of whom is aiming an arrow at the other.

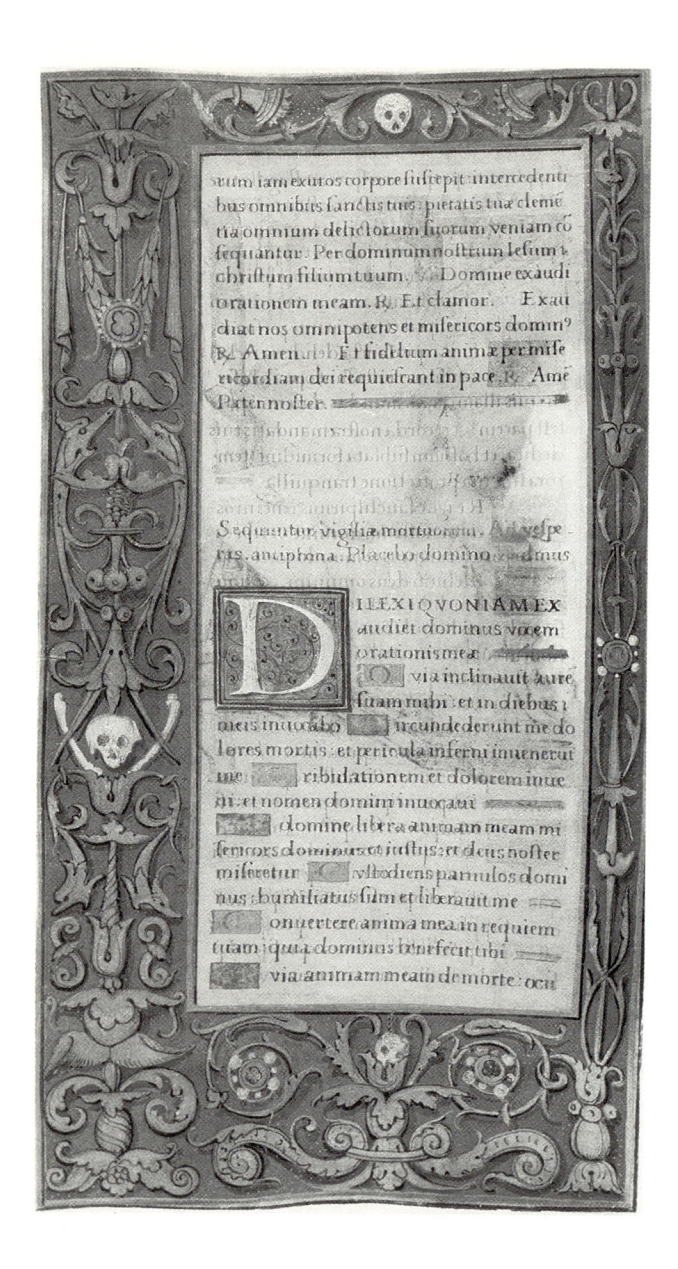

32.
Feuille d'un Livre d'Heures
Italie
Vers 1520

Encres, détrempe et feuille d'or sur vélin
15,4 x 8,5 cm
Département des livres rares et des collections spéciales des bibliothèques de l'Université McGill, Montréal
BIBLIOGRAPHIE
De Ricci et Wilson, vol. II, 1937, p. 2213, n° 110.

La feuille comprend le début de l'office des Morts, la lettre ornée « D » (« *Dilexi* ») commençant le psaume des vêpres. Le genre d'écriture utilisé ici diffère de l'écriture gothique des autres manuscrits de cette exposition. Celle-ci est connue sous le nom d'écriture humaniste et provient de la Renaissance italienne du XVe siècle. La bordure de la feuille est bleue, décorée de rinceaux dorés et de plusieurs ossements et crânes humains.

32.
Leaf from a Book of Hours
Italy
About 1520

Vellum with inks, tempera and gold leaf
15.4 x 8.5 cm
Department of Rare Books and Special Collections, McGill University Libraries, Montreal
BIBLIOGRAPHY
De Ricci and Wilson, Vol. II, 1937, p. 2213, no. 110.

The leaf contains the beginning of the Office of the Dead, with a decorated initial "D" ("Dilexi) beginning the Psalm for Vespers. The type of script used in this example differs from the Gothic script of the other manuscripts in the exhibition. The script used here is known as humanistic script, and it originated in Renaissance Italy in the fifteenth century. The border of the leaf is blue, decorated with gold scrollwork, and several human bones and skulls.

Bibliographie choisie

Alexander, J. J. G. *The Decorated Letter*. New York, George Braziller, 1978.

Batiffol, Pierre. *Histoire du Bréviaire romain*. 3ᵉ éd. Paris, Éd. Paris : A. Picard, 1911.

Bond, W. H., et C. U. Faye. *Supplement to the Census of Medieval and Renaissance Manuscripts in the United States and Canada*. New York, The Bibliographical Society of America, 1962.

Calkins, Robert. *Illuminated Books of the Middle Ages*. Ithaca, Cornell University Press, 1983.

Delaissé, L. M. J. "The Importance of Books of Hours for the History of the Medieval Book". *Gatherings in Honor of Dorothy E. Miner*, sous la direction de Ursula E. McCracken, Lilian M. C. Randall et Richard H. Randall Jr., pp. 203-225. Baltimore, The Walters Art Gallery, 1974.

De Ricci, Seymour, et W. J. Wilson. *Census of Medieval and Renaissance Manuscripts in the United States and Canada*. 3 vols. New York, The H. W. Wilson Company, 1935-40.

Diringer, David. *The Illuminated Book: Its History and Production*. 2ᵉ éd., Londres, Faber and Faber, 1967.

Ferguson, George. *Signs and Symbols in Christian Art*. New York, Oxford University Press, 1954.

Harthan, John. *L'âge d'or des livres d'heures*, Les Éditions Elsevier, Séquoia, Paris, Bruxelles, 1977.

Hindman, Sandra, et James Douglas Farquhar. *Pen to Press: Illustrated Manuscripts and Printed Books in the First Century of Printing*. College Park, Maryland, Art Department, University of Maryland, 1977.

Hughes, Andrew. *Medieval Manuscripts for the Mass and Divine Office: A Guide to Their Organization and Terminology*. Toronto, University of Toronto Press, 1982.

Jones, Cheslyn, Geoffrey Wainwright, et Edward Yarnold, sous la direction de. *The Study of Liturgy*. Londres, SPCK, 1978.

Jungmann, Joseph A. *Missarum Sollemnia : Explication génétique de la messe romaine*. 3 vols. Paris, Aubier, 1952-56.

Lamb, John A. *The Psalms in Christian Worship*. Londres, The Faith Press, 1962.

Leroquais, Victor. *Les bréviaires manuscrits des bibliothèques publiques de France*. 6 vols. Paris, Protat Frères, 1934.

Leroquais, Victor. *Les Livres d'Heures manuscrits de la Bibliothèque nationale*. 4 vols. Paris et Mâcon, Protat Frères, 1927-43.

Leroquais, Victor. *Les psautiers manuscrits latins des bibliothèques publiques de France*. 3 vols. Mâcon, Protat Frères, 1940-41.

Leroquais, Victor. *Les sacramentaires et les missels manuscrits des bibliothèques publiques de France*. 4 vols. Paris, Protat Frères, 1924.

Pfaff, Richard N. *Mediaeval Latin Liturgy: A Select Bibliography*. Toronto, University of Toronto Press, 1982.

Plummer, John. *Liturgical Manuscripts for the Mass and Divine Office*. New York, The Pierpont Morgan Library, 1964.

Reynolds, Roger E. "Divine Office". *Dictionary of the Middle Ages*, sous la direction de Joseph R. Strayer, vol. 4, pp. 221-231. New York, Charles Scribner's Sons, 1984.

Thompson, Daniel V. *The Materials and Techniques of Medieval Painting*. New York, Dover Publications, 1956.

Selected Bibliography

Alexander, J. J. G. *The Decorated Letter*. New York: George Braziller, 1978.

Batiffol, Pierre. *History of the Roman Breviary*. London: Longmans, Green and Co., 1912.

Bond, W. H., and C. U. Faye, *Supplement to the Census of Medieval and Renaissance Manuscripts in the United States and Canada*. New York: The Bibliographical Society of America, 1962.

Calkins, Robert. *Illuminated Books of the Middle Ages*. Ithaca: Cornell University Press, 1983.

Delaissé, L. M. J. "The Importance of Books of Hours for the History of the Medieval Book". *Gatherings in Honor of Dorothy E. Miner*, edited by Ursula E. McCracken, Lilian M. C. Randall and Richard H. Randall, Jr., pp. 203-225. Baltimore: The Walters Art Gallery, 1974.

De Ricci, Seymour, and W. J. Wilson. *Census of Medieval and Renaissance Manuscripts in the United States and Canada*. 3 Vols. New York: The H. W. Wilson Company, 1935-40.

Diringer, David. *The Illuminated Book: Its History and Production*. 2nd ed. London: Faber and Faber, 1967.

Ferguson, George. *Signs and Symbols in Christian Art*. New York: Oxford University Press, 1954.

Harthan, John. *The Book of Hours*. New York: Thomas Y. Crowell Company, 1977.

Hindman, Sandra, and James Douglas Farquhar. *Pen to Press: Illustrated Manuscripts and Printed Books in the First Century of Printing*. College Park, Maryland: Art Department, University of Maryland, 1977.

Hughes, Andrew. *Medieval Manuscripts for the Mass and Divine Office: A Guide to Their Organization and Terminology*. Toronto: University of Toronto Press, 1982.

Jones, Cheslyn, Geoffrey Wainwright, and Edward Yarnold, eds. *The Study of Liturgy*. London: SPCK, 1978.

Jungmann, Joseph A. *The Mass of the Roman Rite: Its Origins and Development*. 2 Vols. New York: Benziger Brothers, Inc., 1951-1955.

Lamb, John A. *The Psalms in Christian Worship*. London: The Faith Press, 1962.

Leroquais, Victor. *Les bréviaires manuscrits des bibliothèques publiques de France*. 6 Vols. Paris: Protat Frères, 1934.

Leroquais, Victor. *Les livres d'heures manuscrits de la Bibliothèque nationale*. 4 Vols. Paris and Mâcon: Protat Frères, 1927-43.

Leroquais, Victor. *Les psautiers manuscrits latins des bibliothèques publiques de France*. 3 Vols. Mâcon: Protat Frères, 1940-41.

Leroquais, Victor. *Les sacramentaires et les missels manuscrits des bibliothèques publiques de France*. 4 Vols. Paris: Protat Frères, 1924.

Pfaff, Richard N. *Mediaeval Latin Liturgy: A Select Bibliography*. Toronto: University of Toronto Press, 1982.

Plummer, John. *Liturgical Manuscripts for the Mass and Divine Office*. New York: The Pierpont Morgan Library, 1964.

Reynolds, Roger E. "Divine Office". *Dictionary of the Middle Ages*, edited by Joseph R. Strayer, Vol. 4, pp. 221-231. New York: Charles Scribner's Sons, 1984.

Thompson, Daniel V. *The Materials and Techniques of Medieval Painting*. New York: Dover Publications, 1956.

Crédits

L'exposition est organisée par le Service de diffusion du Musée des beaux-arts de Montréal, dirigé par Michel Forest et assisté d'Elizabeth Kennell, Jasmine Landry, Kari Uimonen et Jacques Viens, en collaboration avec les services suivants : Achats et services auxiliaires, Gestion des collections, Publications, Restauration et Services techniques.

Sous la supervision des conservateurs : Janet M. Brooke et Micheline Moisan.

Traduction par Francine Dagenais pour le compte de la firme Proword.

Les photographies sont de Marilyn Aitken, Christine Guest et Brian Merrett, sauf dans les cas suivants : fig. 1 : Trinity College, Cambridge ; fig. 2 : Stadt- und Universitätsbibliothek, Frankfurt ; figs. 3, 5 : British Library, Londres ; fig. 4 : Bodleian Library, Oxford ; fig. 6 : Le Musée des Cloîtres du Metropolitan Museum of Art, New York, 1954 (54.1.2) et fig. 7 : Giraudon/Art Resource, New York.

Traitement de textes : Proword

Design : Ikram Schelhot et Associés, Concept I.S.

Typographie : Avant-Garde

Impression : Rotolitho

Credits

This exhibition has been organized by the Extension Services of the Montreal Museum of Fine Arts under the direction of Michel Forest, assisted by Elizabeth Kennell, Jasmine Landry, Kari Uimonen and Jacques Viens, with the collaboration of the following departments: Collections Management, Publications, Purchasing and Auxiliary Services, Restoration and Technical Services.

Supervising Curators: Janet M. Brooke and Micheline Moisan.

Translation by Francine Dagenais on behalf of the firm Proword.

Photographs were provided by Marilyn Aitken, Christine Guest and Brian Merrett of the Montreal Museum of Fine Arts with the exception of: fig. 1: Trinity College, Cambridge; fig. 2: Stadt- und Universitätsbibliothek, Frankfurt; figs. 3 and 5: The British Library, London; fig. 4: Bodleian Library, Oxford; fig. 6: The Metropolitan Museum of Art, The Cloisters Collection, 1954. (54.1.2) and fig. 7: Giraudon/Art Resource, New York.

Word Processing: Proword

Design: Ikram Schelhot & Associés, Concept I.S.

Typesetting: Avant-Garde

Printing: Rotolitho